Alan Organes

Y no fuiste para siempre

Alan Organes

Y no fuiste para siempre

PD: Gracias, Pero adiós

JustFiction Edition

Imprint

Cover image: www.ingimage.com

Publisher:
JustFiction! Edition
is a trademark of
Dodo Books Indian Ocean Ltd., member of the OmniScriptum S.R.L Publishing group
str. A.Russo 15, of. 61, Chisinau-2068, Republic of Moldova Europe
Printed at: see last page
ISBN: 978-620-3-57755-6

Y NO FUISTE PARA SIEMPRE

PRÓLOGO

La ausencia era parte de tu vida, eran escritos en el fondo de tu corazón, las palabras eran invisibles no había manera de que la vida te hubiera dado una tercera oportunidad, tu creencia te había llevado a tomar malas decisiones.

El amor se había desvanecido eras parte de la historia que estaba escribiendo, las líneas describían tu vida, la lógica con la que describías al mundo te imponías ante la sociedad a si como a tu manera de ser ante los demás.

Fuiste grande como un gigante, tu vida podía a ver sido intocable, eras especial para muchos pero tu decidiste caer en ese pozo, tus creencias te habían llevado a un laberinto sin salida, tu confianza te hizo creer que estarías bien que las decisiones que habías tomado eran el premio al nunca jamás.

Tu ausencia había despertado el gran amor que había en mi alma, las lagrimas eran como una gran cascada jamás iban a detenerse, tu ausencia era un vacio para el corazón.

Te habías ido sin razón alguna, y la vida tenía que seguir sin ti, fuiste el deseo más profundo que pude tener eras las ganas de vivir un día más, pero las personas no son para siempre el mundo se va acabar algún día y todo ese amor que había se desvanecerá como polvo sin dejar rastro alguno.

No era un adiós si no una hasta pronto quizás te encuentre en algún otro sitio y gracias por no haber sido tú.

Antes de empezar quería decirte...

Son palabras de tristeza y desilusión mi garganta estaba irritada de tanto gritar y reclamarte por que lo habías hecho...

Me dejaste sin una explicación simplemente desapareciste sin dejar rastro, aun recuerdo tus manos frías tocando mi rostro, deslizándolas por mis mejillas, y llegando hasta el final de mi cuello.

Las palabras que decían tu ojos eran "jamás me iré de tu vida" tus pupilas crecían al mirarme sabia que tu corazón palpitaba hasta llegar al punto de salir de tu pecho.

Recostado sobre tus piernas sintiendo ese calor de ti, sabía que eras mi vida entera y no podía pensar en nada mas si no simplemente eras mi todo...

Vivíamos a nuestra manera sin que nos afectara toda la mierda que las personas decían de nosotros, éramos unos malditos enamorados que nos comprendíamos y todo lo hacíamos juntos, estábamos hechos para estar por la eternidad así el mundo se fuera al carajo tu y yo seguiríamos viviendo como inmortales venciendo persecuciones y con una maldita estampida de personas toxicas que quisieran vernos separados.

Éramos como batman y robin , éramos como scooby doo y shaggy , éramos como el cielo y la tierra simplemente éramos tu y yo dos locos enamorados que solo querían estar juntos.

Pero decidiste irte y no te importo dejarme vacio y sin vida no te importo estas malditas lágrimas que salían de mis ojos y no tenían fin.

Fuiste como un aliento para mí pero a la vez un balazo a mi corazón, me dolió cuando me dijiste que ya no ibas a estar conmigo que no era yo si no tu, una estúpida frase que ocupan las personas que no saben amarse ni a ellas mismas.

Fuiste egoísta y arrogante tus palabras ya no tenían valor, el corazón se te había hecho de piedra ya no eras la misma y sabes porque lo digo.

En tus ojos podía ver que ya no te importaba nada tu palabras eran cortas y arrogantes solíamos platicar la mayor parte de los días por esa estúpida página en la que nos conocimos por primera vez a un recuerdo el nombre de aquella pagina que se llamaba "Unknown" Recuerdo que ahí comenzó nuestro primer —Hola.

Debo admitir que no fuiste al principio nada romántica, preguntaste porque tenía ese corte de cabello tan ridículo en la foto de perfil, recuerdo te burlabas de mí y yo sin saber que responderte solo ponía emojis de tristeza eras cruel conmigo sabias pero aun así una estúpida sensación llamada "sentimiento amoroso" comenzó a llegar a mi cabeza y hasta la punta de mis pies, un cosquilleo raro en mis manos y el corazón palpitaba como una bocina con volumen irritante.

No sabía que estaba pasando en mi cuerpo pensé que estaba a punto de sufrir un colapso mental y quedaría en estado "vegetal" (inmóvil) pero solo fue algo muy estúpido que pensé y no iba a sufrir nada de eso, más bien era que me estaba enamorando de ti a pesar de que me tratabas mal era un maldito masoquista que quería tenerte cerca aun que me hicieras daño psicológico o hasta físico.

Las charlas eran con más frecuencia, tú decías que las personas no son emocionalmente estables con nada...

Que podíamos llegar hacer cosas que pudieran cambiar al mundo así como en un instante cagarla y hacer todo mal y en eso tenias mucha razón la cagabamos tantas veces que hasta era difícil ser constantes cagandola, cada palabra que salía de tu boca eran ciertas, eras directa y transparente con lo que querías decir nunca te guardabas nada y creo que esa fue una de cosas con las que me enamore de ti por completo.

Ahora entiendes porque me da tanta rabia tu desprecio, esa etapa de tu vida nunca la conocí hasta ahora, eres cruel hasta contigo misma, te fuiste quedando sin palabras tu animo fue cayendo hasta el suelo, y tus sentimientos por mí los aplastaste y le diste una patada a lo más lejos de tu vida.

Porque no seguiste luchando más por ti y por nosotros, eras mi cuento del nunca acabar mi princesa encantada, mi flor a media noche, mi estrella fugaz eras simplemente mi vida entera, la que te llevaste entre tus manos y la tiraste sin rumbo y rastro.

"you love i "eso dijiste en mis sueños...

Capitulo 1

Ojos color verde esperanza

No olvido el primer día que te conocí personalmente, estaba nervioso las manos no paraban de sudarme sentía que iba a tener ese estúpido tartamudeo que tenia a los diez años, pensaba que te iba a decir y de que temas serian los correctos para hablar solo esperaba no arruinarlo porque en verdad me gustabas mucho y no quería cagarla frente a ti.

Al llegar a ese bar en donde nos citamos para nuestro primer encuentro ahí estabas, sentada en aquella mesa pegada a la ventana con esa chamarra de cuero color café tus jeans en color negro y rasgados de las rodillas y esa emblemática camiseta de estampado de un tigre uno de tus animales favoritos o eso fue lo que me habías dicho.

Conforme me iba acercando a ti me sentía más nervioso, carajo esto es sentir sensaciones de emoción, al saludarte me sonreíste con esos maravillosos ojos color verde esperanza tu cabello lucia deslumbrante ese color castaño te hacia ver hermosa simplemente eras un ángel caído del cielo.

La charla fue tomando sentido después de los primeros veinte minutos, creo que lo estaba haciendo bien, y hasta ese momento no había echado a perder nuestra primera cita hablamos de estupideces a tal grado de que las personas de nuestro alrededor volteaban a vernos, tu peculiar carcajada era constante y contagiosa de verdad el estomago me dolía de tanto reír pero sabía que te la estabas pasando bien así como yo era feliz al verte sonreír.

Pedimos esa deliciosa hamburguesa de tres carnes acompañada de una gigantesca orden de papas de gajo, que eran tus favoritas y para darle el toque de éxito a este gran banquete una cerveza clara era la combinación perfecta entre engordante y delicioso.

Me sorprendió tu manera de comer pensé que eras de esas chicas de poco apetito pero eres el monstro de las hamburguesas puedo decir que comiste más que yo incluso parte de las papas que deje terminaron en tu estomago, eres diferente al resto pareciera que no eras de este planeta una mujer de tu complexión delgada y de muy buen físico comiendo de esa manera, eras autentica y eso fue lo que me hizo darme cuenta que tú eras la correcta para mi vida, estar contigo me hacia bien.

Tenias tanta locura dentro de tu cabeza, que llegue a pensar que en cualquier momento me pedirías que nos casáramos, vivir a tu lado era de riesgo pero a la vez emociónate, te gustaba cosas extremas desde caminar por la orilla de una carretera sola a media noche hasta aventarse de un carrito de súper mercado por esa colina inclinada, pero amaba que fueras a si estabas loca pero eras mi loca favorita.

Salimos de aquel bar ya un poco tarde aproximadamente eran las 10:00 pm y me ofrecí a llevarte a tu casa, pero tú te negaste y me dijiste que no estaba lejos tu casa y tú te irías caminando pero te resististe y dijiste que no, respete tu decisión y solo nos despedimos con un beso en a la mejilla y eso fue todo.

Eras muy reservada y no te gustaba que te trataran como a una princesa con delicadeza eras más de un estilo independiente no te gustaba que las personas tuvieran lastima de ti y se compadecieran, sabía que me iba a costar estar contigo pero sabía que valía la pena estar contigo, no iba a renunciar a ti eras la mujer que le podía dar sentido a mi vida y por eso comencé aferrarme a ti.

Odiabas todo lo relacionado a los zombies decías que era una estupidez ese tipo de películas eran tan absurdas como era posible personas que ya estaban muertas podían caminar incluso ya hasta corrían, me reía de tu forma de enojarte fruncías tus cejas en sentido de que estabas molesta por esa estupidez de los zombies.

Al llegar a casa, lo primero que hice fue escribirte saber si ya habías llegado a tu casa, pasaron aproximadamente treinta minutos y no sabía si estabas bien no había motivo para preocuparme porque no erásemos nada pero había algo en mí que me ponía inquieto al no saber de ti.

Aproximadamente pasaron dos horas y respondiste mi mensaje con un simple —hola ya estoy en mi casa.

Eras estúpidamente irresponsable no te importaba si los demás estaban preocupados por ti y entonces pensé que eras de esas chicas que les dabas dolor de cabeza a tus papas por tu actitud y tu forma de ser, eso solo lo pensé yo en ese momento porque en realidad aun no sabía nada de ti.

Eras una caja de misterios cada día que pasaba me enteraba de algo nuevo sobre de ti, tu vida personal era difícil en ocasiones el día que me contaste cuando tu papa falleció eras muy pequeña y no sabias lo que estaba pasando pero fuiste fuerte y también lo fue tu.

Mamá y ahora entiendo porque tuviste que ser dura y con sentimientos fríos y reservados.

En ocasiones no sabía cómo decirte que sentía las cosas terribles que te habían ocurrido no era bueno para consolar a las personas pero sabía que era parte de mi obligación apoyarte y hacerte sentir bien, en ocasiones me sorprendiste con tu forma de hablar y expresarte hacia la vida, tu palabras motivadoras y con ese sentido del humor tan peculiar que solo tu tenias.

Y otras tantas ocasiones que no querías decir ni una palabra tu estado de ánimo era muy desequilibrante no sabía en qué momento estarías molesta pero mi conclusión a la cual pude llegar es que quizás eras una persona bipolar lo cual hasta la fecha nunca lo supe porque nunca me atreví a preguntártelo.

Puedo seguir hablando lo increíble y misteriosa que eras pero sinceramente esos recuerdos jamás se borraran de mi cabeza porque eras mi vida y tenía planeado todo lo que iba a pasar en nuestro futuro juntos.

Fuiste una completa inconsciente de tomar tus decisiones y no incluirme en ellas pensaba que me habías contado y que no había secretos entre nosotros decías que la confianza de la persona que mas amas es la base de una buena relación y tu acabaste apuñándote con tus mismas palabras, no fuiste honesta conmigo y eso me robo una parte de confianza hacia ti.

Traicionaste mi confianza, aplastaste mis sentimientos y me escupiste en la cara no son palabras de desprecio simplemente te extraño y no encuentro la manera de reclamarte porque me dejaste, sonara como un desprecio y odio hacia ti pero simplemente es dolor a mi alma.

Sabias que yo estaba para ti hasta el fin del mundo, pero decidiste tomar tu nave espacial y largarte tu sola al universo no querías mi presencia junto ti, conociste un nuevo lugar y quiero pensar que es mejor que la tierra que las cosas son mas sencillas y un poco menos toxicas el aire de ahí es como si respiraras una nueva vida, y los cantos de los pájaros son como ángeles cantando, estoy molesto contigo porque no quisiste que te acompañara a ese increíble y asombroso lugar.

"Y esperaba que fuéramos juntos a ese maravilloso lugar"...

Capitulo 2

Desaparecida

Recuerdo el día que me llamaste estúpido ignorante, por no saber en donde quedaba Hawái, mi ignorancia me decía que era parte del continente asiático lo cual siempre estuve equivocado corregías en cada cosa que me equivocaba y en ocasiones me hacías sentir como bien me lo habías dicho "estúpido ignorante" era como si tuvieras doble personalidad la santa que no rompía un plato pero a la vez podías ser un demonio perverso que podía estrujar al que se pusiera en tu camino.

Tus palabras eran cortas pero poderosas hasta el punto de destruir cualquier cosa, no tenias compasión con las personas que no soportabas, ahí estaba Shannon la chica pelirroja tu vecina, podías destruir a esa chica con unas cuantas palabras y sin remordimiento alguno no puedo negar que era más rara que tu solía salir a las 3:00 am a caminar que como sabia eso.

La verdad es que por mi falta de sueño, sufría de insomnio desde los quince años y muchas veces la vi pasar en frente de mi casa la observaba desde la venta de mi habitación solía hacer una clase de chasquidos con los dedos como si estuviera atrayendo algún animal o a lo que estuviera buscando era rara y me daba miedo pensé que eras la más rara pero creo que alguien más te había gano la partida.

Recuerdo que me contaste el día que saliste de casa habías discutido con tu mama que tomaste unas cuentas cosas de tu habitación y saliste sin ningún rumbo dijiste que ya no aguantabas más que tu mama te siguiera dando órdenes que ya no eras una niña odiabas sus reglas y que siempre quería saber dónde y con quien estabas hasta tarde.

Pero tu enojo y tu supuesta madurez te hicieron tomar decisiones incorrectas llegando al punto que no sabias en dónde estabas parada, fuiste irracional y estúpidamente inconsciente al pensar de que podías vivir una vida sin prejuicios y que todo iba a estar bien.

Te ahogabas en tu creencia que serias algo sin el apoyo de las personas que te querían y en tu estúpida madurez pensaste que el mundo estaría bajo tus pies cuando en realidad el mundo se te venía encima.

Se le notaba la angustia y desesperación a tu mama en su rostro con los ojos irritados y unas cuantas ojeras sabía que no estaba bien al bode de la impaciencia por saber en

dónde estabas, no entiendo porque eras así el amor de una madre es incondicional es la fuente vida, es el suspiro más largo es el amor de una madre sin esfuerzo.

Llevabas más de tres días desaparecida, la policía tenía orden de tu búsqueda los postes estaban plagados de tu fotografía, la incertidumbre de donde carajos te habías metido o que te había pasado, tu mama estaba muerta en vida no sabía qué era lo que estaba pasando.

No tenias compasión hacia ella nunca quiso hacerte un mal si no simplemente quería que fueras mejor persona, que tus actitudes sobrepasaran muchas cosas, decías que no querías ser como ella una mujer frustrada sin razón de ser, pero ella no quería que fueras como tú dices que era quería que fueras mejor que ella.

Tu arrogancia te llevo al borde de tomar decisiones que quizás marcaran el resto de tu vida aun eras muy joven con veinte años aun tenias para comerte al mundo, eras hábil y extrovertida, tu imaginación era profunda y audaz tenias carácter, presencia y sobre todo tenias una madre que hubiera dado la vida por ti.

Pero decidiste ser tan común como el resto de los demás pensando que las personas tenían que estar a tus ordenes cuando tu quisieras y aguantar tus berrinches tu inmadurez y tu falta de amor hacia los demás, eres irresistible pero a la vez irritante ame cada maldito día a tu lado pero no sabía en qué momento volverías a tomar esa locura que controlaba tu sentido de ser.

Recuerdo estaba recostado en el piso de mi habitación con el celular a un costado de mí esperando a saber de ti, escuche vibrar el celular y eras tú.

Con un insignificante —hola, Carajo hasta que te resignaste a contestarme fue mi expresión de enojo hacia ti sabias que la estabas cagando eso me decían tus mensajes estabas arrepentida pero no sabias como decirlo no podías hacer a un lado tu maldito orgullo sabias que eras una desaparecida y aun así no querías que te encontraran me irritaba tu frialdad no estabas entendiendo que tu mama estaba a punto de tener un colapso emocional o incluso hasta un infarto permanente por tu estúpida inconsciencia.

Quería meterme dentro del celular y estrangularte pero no quería caer en tus juegos mentales a llevarme al borde del enojo, me estaba muriendo de angustia por saber dónde estabas pero tu respuesta solo era —estoy bien, tan solo quería saber e ir a buscarte no lo hiciste no te importo el estado de salud de tu mama y seguiste con tu maldito orgullo sin decir una palabra más.

Estabas cometiendo el error de los mediocres, de los irrazonables de los que se creen todo pero no son nada, me dejaste en visto y simplemente no te importaba lo que estaba pasando me dolías tanto que el sentimiento y las ganas de estar contigo se estaban esfumando tú eras la elegida porque hacías esto.

Llego el día ocho y las cosas seguían empeorando fuertes rumores decían que habían encontrado un cuerpo sin vida al parecer era una mujer que fue agredida sexualmente mi cuerpo era una bomba de tiempo en cualquier momento podía estallar, la preocupación era sin límite tu mama cayó en un estado de shock hasta llegar al punto de no ir al trabajo por unos días.

No volví a saber de ti desde ese día que me dejaste en visto tu ultimo día de conexión fue hace dos días eso hacía que la tención fuera más intensa tu paradero era una revolución entre tus vecinos, familiares y amigos eras más buscada que el mismísimo nemo tu nombre era escuchado por cada calle y lugar que fuera no estabas siendo lo suficientemente hábil para hacer esto para hacérselo a tu mama solo esperaba que estuvieras bien y volvieras a casa.

Las horas parecían siglos los días eran eternos sin ti, extrañaba platicar contigo por las noches y extrañaba reír hasta que no podía mas solo quería que volvieras que dejaras todo ese resentimiento que había entre tu mama y tú que limaras las perezas por la cual había comenzado esta trágica novela.

Te extrañaba en verdad solo quería saber de ti, casi cumplíamos dos meses de novios desde aquella primera vez que nos conocimos era feliz contigo tus manías era el toque perfecto que le daba sentido a mi vida, y a la vez eras irritante pero aun así me hacia bien estar contigo tenias tanta locura pero eras perfecta eras como una rosa roja muy hermosa pero a la vez con grandes espinas de podían dañarme.

Aun conservo el dibujo que hiciste y me obsequiaste de ese increíble paisaje , el día que duramos más de dos horas sin saber en dónde estábamos en realidad eras increíble con un lápiz en mano y un pedazo de papel hacías magia tus trazos eran imperfectos pero con un sentido de arte único.

Eras misteriosa aun estado desaparecida, tu autenticidad era una de las fortalezas la cual te hacia especial y diferente al resto del mundo.

"Tu ausencia era estúpidamente inconsciente de tu parte"...

Capitulo 3

Amor de madre

Tenias una forma muy peculiar cuando estabas enfadada tu mirada era directa y fruncías las cejas, tus labios formaban una línea recta entre ellos te quedabas en silencio sin decir nada, pero sabía que por dentro estabas desesperada por decir lo que sentías querías explotar frente a mi cara.

Amaba cada detalle de ti, desde tus pequeñas ojeras ovaladas hasta ese lunar que lucias en tu cuello en forma de corazón no era nada común ver una imperfección tan bella como la que solo tu tenias eso te hacia aun mas autentica.

Te presumía en todas partes eras mi amuleto de la suerte, así como los grilletes de mis pies era difícil enojarse contigo pero a la vez quería decirte en tu cara lo cruel que eras te amaba tanto que resistía toda la furia que pudiera venir sobre mí, solo quería que supieras que no importaba lo que tu viera que pasar contigo porque indudablemente ahí estaría sobre cualquier circunstancia.

Ya habían pasado cinco días desde que volviste a tu casa, debo decir que no fuiste fácil de convencer que volvieras tu orgullo era una ola sin retorno en verdad el nivel de tu inmadurez era demasiado profundo, tu mama no sabía de qué forma convencerte para que volvieras aun no comprendo en que estabas pensando, se que los padres pueden llegar ser un poco irritantes pero tu sobre pasaste a un estúpido enojo sin sentido solo era una discusión entre madre e hija algo sumamente común en cualquier familia.

Pero te hacías la victima la que no dio motivo nunca por la cual tu mama se enojaba contigo decías que todos estaban en tu contra los profesores, los vecinos, y el resto del mundo, lamento decirte pero las cosas no se manejan así o eres agradable ante la sociedad, o la sociedad te dará una patada en el trasero no se trata de caerle bien al mundo si no ser mejor que el mundo demostrar que puedes ser diferente y con una estúpida sonrisa en el rostro eso cambiaria muchas cosas.

A veces no entendía tu manera de pensar eras terriblemente irritante no tenias nunca nada en claro, amaba esa atrevida manera tuya de hacer las cosas eras aventada jamás medias el riesgo, solo te lanzabas y no importando lo que terminara sucediendo.

Estabas loca sin razón pero tu locura me enamoraba hacia que me contagiara de esa energía tuya yo media el miedo pero contigo eso no aplicaba sabía que podía perjudicarme pero aun así lo terminaba haciendo con tal de verte feliz.

Recuerdo que en una de las tantas platicas que tuvimos, me hablaste de tus dos mejores amigos Sofía y Marco sabía que no eras de muchos amigos, me dijiste que no a cualquiera se le podía llamar "amigo" o "mejor amigo" para tener ese titulo tenían que primero graduarse en la materia de la confianza y autenticidad eras muy selectiva a la hora de ver quien en realidad te ofrecía eso.

Me contaste que Sofía la conociste desde que iban en el preescolar que ella te defendía cuando alguien quería hacerte daño que tu confianza hacia ella supero todas las barreras que pudieran a verse opuesto, que era como tu hermana que nunca tuviste hacían todo juntas simplemente eran inseparables pero el tiempo fue cambiando todo eso ella se mudo a otro país lo cual conforme el tiempo fue pasando ella se olvidaba de ti, ya no era la misma de antes ahora con una vida de lujos y un novio perfecto su amistad y hermandad se fue diluyendo.

Y la relación que había con Marco era diferente a él lo conociste en un campamento de verano al que fuiste a los doce años, decías que los niños mas estúpidos llegaban ahí y tú te sentías así le inventabas mil escusas a tu mama para que no te llevara pero nunca funcionaron cada verano estabas resignada porque sabias que irías.

Eras apartada al resto de los demás no te gustaba convivir integrarte a las actividades que hacían estando siempre sola y caminado por el bosque solo tú, y ahí fue cuando Marco se acerco a ti y te pregunto tu nombre y tu sin respuesta seguiste caminando, desde joven ya eras malcriada, pero el tiempo paso y Marco fue uno de tus mejores amigos, era tu bobo favorito como solías decirle me dijiste que la última vez que platicaste con él fue cuando discutieron sobre un tema que jamás me dijiste de que se trato pero al parecer fue algo que te hizo odiarlo así tu me lo dijiste —lo odio.

Y desde entonces no has vuelto a saber nada de ellos se que fueron muy importantes en tu vida a tal grado de que su amistad quedo grabada en tu piel, pero borrados de tu corazón empecé a comprender que las personas que tenían cierto valor en tu vida fueron desapareciendo primero tu papa, después tus mejores amigos se que la vida te ha dado varias bofetadas a la vez pero aquí seguía yo sin reprocharte nada solo quería verte sonreír y que al menos estando conmigo hacerte un poco mejor tus días.

Las personas me decían que era un auto- suicidio estar contigo porque eras fría conmigo y no demostrabas cariño hacia mí, esas palabras se las llevaba el viento se que no eras la mujer más cariñosa y con los mejores abrazos bueno cuando podía hacerlo pero sabía que sentías algo por mi y lo sabía porque tu ojos me lo decían sabia que tus pupilas dilatadas era síntoma de tu amor hacia mí.

La relación con tu mama fue tomando sentido conforme los días pasaban ya había cierta confianza nuevamente y eso me ponía feliz ver que la relación entre ustedes estaba mejorando, nunca entendí porque decías que tu mama era desesperante lo poco que la conocí para mí era una súper mama te consentía, te cuidaba, e incluso cumplía tus berrinches de vez en cuando daba todo por ti.

Me contaste que había días que no llegaba a tu casa a dormir porque tenía que doblar turno en el hospital pero aun así estaba al pendiente de ti preguntando como estabas y que si ya habías comido o si necesitabas dinero lo tomaras de sus ahorros era una mama ejemplar sin duda, pero eras fría con ella no le demostrabas ese amor que una madre quiere que sus hijos le den.

Me rompías el corazón enserio que daría yo por tener a mi mama y demostrarle cuanto la hubiera amado pero nunca la conocí su único recuerdo que tengo de ella es una fotografía que mi papa tenía cuando era joven nunca te dije esto porque si a tu propia mama no la valorabas no sabía cómo reaccionarias al decirte de la mía así que reserve mi comentario y no fue nunca necesario decírtelo porque nunca te importo preguntármelo.

Nunca quise tocar el tema de las familias porque sabía que es algo de lo que no te importaba, quería ser más profundo en esos temas y saber de dónde venias y que tan grande era tu árbol genealógico, pero me lo reserve, quería preguntarte tantas cosas que nunca supe de ti pero sabía que tus respuestas serian cortas o simplemente me cambiarias el tema así que me calle ciertos temas para no entrar en algún disgusto o discusión sin intención.

Me preguntaste si cambiaria algo de ti...

Si supieras todas las cosas que hubiera cambiando serias perfección absoluta eras irracionalmente imperfecta tenias tantas cosa por las cuales no eras feliz aun que tú decías que no había nada mal en ti y si no les parecía te daba igual, así que mi respuesta fue —no cambiaría nada de ti eres autentica y eso te hace aun mas especial

Carajo sabía que estaba mintiendo pero si te decía lo que en verdad mi mente estaba pensando era como ponerme una pistola en la cabeza y dispararme, así que por ninguna circunstancia te lo iba a decir.

Al parecer me habías creído porque hiciste una sonrisa un poco forzada pero lo hiciste sabía que ya estaba en la orilla del mar sin a verme ahogado en lo profundo, sonaban

como palabras con miedo pero no era así, tenía que aprender a manejar tus juegos psicológicos y saber en qué momento tenia que mover la pieza correcta para ganarte la partida.

Nuestras charlas eran largas y a veces sin sentido creo que nuestros temas de conversación siempre se basaron en lugares peligrosos, películas, y comida engordante sabia que no eras normal al resto de las chicas pero quien es normal?

Ningún ser humano lo es todos cometemos errores, somos imperfectamente diferentes y eso nos hace auténticos a cada uno, sabía que eras diferente que nunca te vería con un vestido o con zapatillas quizás hasta el día que nos hubiéramos casado y eso lo dudaba pero yo no me fije en cómo te bestias o que estilo de peinado te habías hecho para mi eras la mujer más hermosa así con todos tus defectos eso te hacia aun más interesante.

Amabas las películas de terror, de suspenso psicológico o misterio eras toda una detective resolvías el cazo antes de que terminara la película amaba tu critica tu forma de desesperarte al ver que los personajes eran unos completos idiotas incluso hasta los insultabas, de tan molesta que estabas eras intensa en todo me corregías cuando algo decía mal te siguas burlando de mi y esperabas que te reclamara para luego reírte en mi cara.

Decías que parecía un pequeño cachorro asustado cuando debatíamos en temas relacionados con los animales, amabas a los animales pero tus favoritos siempre fueron la jirafa y el tigre, me dijiste que tú te identificabas con estos dos muy específicamente porque eran independientes y hábiles y sobre destacaban al resto de los demás por esas increíbles marcas en sus cuerpos eran exóticos y especiales para ti eras muy intensa con el tema de los animales eso me quedo muy en claro , jamás iba a poder ganarte en esa conversación amaba como te apasionaba algo así como esos maravillosos dibujos que hacías tenias un don maravilloso y cada vez que lo hacías estaba más que impactado.

Eras paciente y muy meticulosa a la hora de dibujar nunca tuve la oportunidad de que me dibujaras a mi me hubiera encado pero sé que tu mejor dibujo lo llevas en tu memoria y es de mi.

“Sentías que no era para ti, pero tú si eras para mí”...

Capitulo 4

Un viaje sin ti

Podías ser todo menos tonta, sabias cuando las personas estaban mintiendo ahora comprendí cuando decían que las mujeres tenían un sexto sentido, podías oler el miedo a distancia de las personas eras cautelosa pero la vez rápida a la hora de atacar a tu presa quien podía decir que una chica tan linda iba a tener el carácter de un tornado arrasando a media cuidad.

Creo que fueron pocas la veces que llegue a decirte ciertas mentiras lo cual tenía que hacerlo por el bien de algunas cosas que nunca te dije sobre mí, sabía que si te decía seria desterrado de este mundo con un solo chasquido tuyo así como te amaba tenía precaución hacia ti, sé que soy un cobarde porque nunca me atreví a decirte de frente nada de esto tenia tanto que decirte pero a la vez tanto que ocultarte.

Debo admitir que no fui del todo honesto contigo, mi vida era un total desequilibrio emocional pero en el momento que entraste en ella cambiaste gran parte de sabes porque…

Porque para mí era muy difícil estar con alguien era inseguro y en ocasiones me quedaba sin palabras nunca fui el más popular del colegio era el tiro al blanco de los chicos populares sus burlas sus desprecios su manera de hacerme sentir una mierda.

Yo era aquel chico en aquella esquina del salón al que le ponían mil apodos el colegio era el mismo infierno para mi, y eso que no quería ir nunca haya solo esperaba el momento para salir corriendo e ir a casa mi adolescencia era un asco mi vida era un asco solo quería que todo cambiara que ya no fuera el chico obeso de cuatro ojos al que todos odiaban incluso hasta los profesores hacían mal uso de mi persona.

Sabía que parte de mi vida estaba echada a perder sin saber que era lo que me iba a deparar el futuro y si iba a ver uno para mí, me sentía solo no había nadie con quien acudir, no sabes cuánto extrañaba a mi mama la necesitaba en esos momentos el mejor abrazo que podía tener de ella era sobre una fotografía mis lagrimas caían sobre la almohada me estaba ahogando en mi tristeza y dolor necesitaba ser rescatado necesitaba a mi mama.

Nunca tuve a ese papa que me pudiera salvar de la tristeza, tenia mejores prioridades por ejemplo su trabajo durante los siete días de la semana solo lo veía una hora diaria y eso si no me quedaba dormido nunca tuve el amor de mi papa siempre decía que no tenía tiempo

sabia que nunca iba a poder contar con él éramos unos desconocidos había palabras que se llevara el viento pero ni siquiera había nada que decir.

Con el tiempo me fui forjando mi cuerpo ya había cambiado era delgado y de buen parecer eso pensaba yo ya no usaba esos horrorosos anteojos mi vida empezó a cambiar a mis dieciocho años se podía decir que ya era un adulto, tenía que ser responsable ya no era la burla en la escuela incluso me invitaban a estar con ellos, las chicas lindas me invitaban a salir pero a pesar de que mi físico había cambiado mi control emocional era un asco.

Era demasiado tímido cuando una chica linda se acercaba a mí, el sudor rodeaba mi cuerpo y sentía un frio de pies a cabeza pero sabía que tenía que tener un auto control en eso que no siempre estaría así frente a cualquier persona que se me acercara.

Mi confianza me estaba noqueando al punto de llegar al roud doce y tirarme a la lona sin reacción absoluta debía hacer algo para que ese estúpido miedo se fuera de mi, los días iban transcurriendo y sabia que el nivel de mi confianza debía ser más fuerte y comencé hacerlo daba la cara a las circunstancias sabía que era lo correcto que mi presencia debía ser mejor que cualquier cosa que los miedos estaban saliendo de mi cabeza.

Y ahí me encontraba sentado en la mesa rodeado de personas sin más miedo me sentía seguro sabía que estaba tocando la cima que nadie iba a poder quitarme ese privilegio ya, me sentía como el rey del mundo quizás no era el más popular pero me hacía sentir bien estar en su grupo.

Ahora entiendes porque tenía cierto miedo hacia mí mismo porque en un punto de mi vida lo tuve y no quería volver a caer en eso pero ahora contigo, cuando te conocí estaba nervioso pero sabía que era bueno lo que estaba pasando así que solo fui hacia adelante y me senté frente a ti en esa mesa de aquel bar.

Tú me llenabas de energía me contagiabas de esa loca explosión que solo tu tenias, eras dinamita en mis manos sabia que en cualquier momento me podrías hacer explotar pero era tanta mi adrenalina a tu lado que no me importaba salir explotando en mil pedazos.

Estábamos hechos para estar juntos para correr por todo el mundo, sabía que era mi momento que las cosas a tu lado serian difíciles pero a la vez increíbles, estabas loca tú

hiperactividad sobre salía los estándares de cualquier niño, tu manera de vivir la vida no era nada común querías tocar el cielo de un solo salto y ahí estaría yo para saltar contigo.

Teníamos siete meses juntos sabía que era el comienzo de una gran historia a tu lado, las cosas a mi parecer eran buenas tu sentido del humor era desequilibrante no sabía en qué momento ibas a estar bien o mal, contigo todo era un misterio estaba consciente que aun me faltaba mucho por conocerte había tanto misterio y secreto en ti que me llevaba hacer más inquietante cada día a tu lado.

Ahora era tu turno de contarme más sobre de ti quería saber cómo eran tus días antes de conocernos que era lo que te hacia levantarte de esa cama todos los días, si tenias algún pasatiempo favorito, algún lugar secreto al que acostumbrabas a ir o simplemente algún libro interesante que habías leído solo quería descubrir mas de ti.

Recuerdo que me platicaste como era tu vida en el colegio me dijiste que tu estatus era normal las personas se acercaban a ti y podías durar varias horas charlando pero dependía mucho de que si la persona con la que estuvieras era aburrida y con poco sentido del humor inventabas cualquier escusa estúpida y te ibas, que tu no tenias círculo de amigos que solo eran compañeros de clase.

Tú eras selectiva con eso de la amistad no cualquiera entraba en tu vida, hasta llegaste a decir que tu nunca necesitaste rogarle a nadie para que estuviera contigo que ellos llegaban por si solos, eras un diva sin título linda por fuera pero vacía por dentro.

En ese momento me sentí un completo tonto mientras tu paseabas por los pasillos del colegio sin tener ninguna clase de problema a que te fueran a ofender o decir algo de tu peso pero no era así nadie se metía contigo eras la súper estrella eras parte del centro de atención pero a pesar de todo eso a ti nunca te importo seguías tu vida común y corriente pero cuando podías ser cruel con alguien simplemente lo hacías sin retorno alguno.

En parte doy gracias por no a verte conocido cuando era obeso y con lentes porque hubieras acabado de condenarme el resto de mi vida mi sentencia hubiera sido si te hubiera conocido en ese tiempo.

Solo esperaba que no tuvieras la grandiosa idea de preguntarme sobre los días de colegio porque hubiera mentido en algo mas no sé si en algún momento lo hubieras sabido pero sabía que este no era el momento no quería desilusionarte o que pensaras que era poco agraciado ante los demás no quería entregarte ese poder porque sabias que en cualquier momento lo usarías y tu no eras piadosa me ibas a eliminar en cualquier circunstancia.

Así como podías ser la persona más cruel del mundo tenias talentos y dones espectaculares uno de tus dones que puedo recordar muy bien es el que tenias con la memoria podías recordar lo que fuera desde una dirección de algún lugar hasta una historia recién inventada, eras sorprendente y de tus talentos uno de los que jamás voy a olvidar es la forma de cómo dibujabas, eras rápida con el lápiz o con cualquier cosa con la que fueras a dibujar.

Tu concentración era absoluta y muy cautelosa los detalles era una de las cosas que más dabas a notar había tanto talento en ti para mi eras una artista profesional sabia que en cualquier universidad o lugar de trabajo que te pararas serias aceptada.

Pero decidiste tomarte un año sabático querías despejar tu mente de los estudios por un rato querías ser libre conocer lugares misteriosos, viajar por algunas partes del mundo y disfrutar de tu juventud.

Pero creo que de todo eso solo llegaste a conocer dos lugares los cuales tenias muchos dibujos increíbles la forma de captar esos paisajes y llevarlos a una hoja de papel había magia de tus manos captabas el momento y plasmabas la belleza de esa vista de ensueño.

Solo me dijiste que era un secreto los paisajes de esos dibujos que mejor no me ibas a decir y me ibas a llevar un día de estos, que mis ojos captaran y enfocaran como una cámara y que en mi mente guardara la esencia de estar en ese maravilloso lugar.

Tu secreto fue demasiado guardado porque sé que jamás sabré en donde era, te fuiste sin mí a ese maravilloso lugar me dejaste esperando ese momento quería conocerlo contigo, y no solo eso teníamos planes de conocer el mundo pero decidiste ir sola a otro lugar.

Ahora are ese viaje algún día sin ti, no sé cuánto tiempo pase pero lo hare por ti, sacare mil fotografías y cada una llevara una dedicatoria para ti, porque podría asegurar que amarías cada lugar y hubiera quedado plasmado en tu recuerdo.

"Pensaba que estarías aquí, para gritar juntos arriba de esa montaña"...

Capitulo 5

"coffee>< corner"

Tus palabras eran secas y muy cortas estabas perdiendo la chispa que te hacia billar en medio de cualquier circunstancia, el brillo de tus ojos se iba perdiendo ya no eran los mismos ese color verde esperanza se fue apagando no entendía lo que te estaba pasando, aun que nunca fuiste la persona más amorosa pero hora eras un completo fantasma como si no estuvieras.

Ya no sabía en qué pensar tu distancia era un camino lago para mi, llegando al punto de que me sentía vacio, si tan solo hubieras hablado conmigo podríamos a ver resuelto cualquier situación.

Decidiste tomar tus propios riesgos y seguir adelante caminaste entre un campo minado y no importándote ser explotada eras valiente pero inconscientemente tonta habíamos personas que te necesitábamos pero eso nunca te importo querías tomar ese tren e irte sin decir una palabra, tan cautelosa y misteriosa te fuiste diluyendo entre mi vida si saber el riesgo que estaría por llegar.

Mis sentimientos eran como una montaña rusa podía estar abajo pero al mismo tiempo hasta arriba, te odiaba pero te extrañaba a la vez estaba enojado contigo por tu manera de irte los recuerdos son una prisión para mi, extraño esas largas charlas a media noche contigo, tus gestos cuando algo no te gustaba, tu forma de expresarte cuando en algo no estabas de acuerdo simplemente tu ausencia me estaba convirtiendo en un maldito sicópata.

Pero cada reclamo que te hacía era una puñalada mas al corazón, ya no podía cambiar nada lo hecho, hecho estaba te habías ido y sabia que algún día podía volver a verte no sé cuando y donde pero sabía que te vería una vez más.

No olvido el día que me dijiste que estabas lista para vivir sola, creo que ni tú te creías eso que estabas en búsqueda de un departamento lejos de la casa de tu mama para que no fuera a molestar a cada rato, eso me hizo pensar que tu falta de madurez no te hacía pensar claramente lo que decías seguía sorprendiéndome tu manera de pensar, el tiempo transcurría y tu manera de ser exactamente la misma.

Quería que fuera mejor pero todas las palabas que te pudiera haber dicho iban hacer usadas en mi contra, te amaba tanto que hasta con eso tenía que callarme sabiendo que no te estaba haciendo un alago sabia que aplaudirte y decirte que estaba bien lo que querías hacer estaba mal pero cada palabra seria en vano.

Tu perseverancia era constante de verdad querías irte de casa de tu mama, era tanto tu anhelo de vivir sola que saliste a buscar un empleo en esa cafetería llamada " coffee corner" solías ir por las tardes ahí después del colegio, regularmente pedias bebidas frías tu favorita era el frappe de nutella amabas esa bebida enserio y con un libro en mano llamado "el último suspiro" lo poco que me platicaste de ese libro, trababa de una chica desconsolada sin rumbo alguno que se suicidio por la vida que estaba llevando al bode de quitarse la vida.

Cuando me dijiste de que trataba sinceramente me hizo pensar muchas cosas y esperaba ninguna de ellas fueras hacer, que estabas buscando la manera de ser como esa chica de la historia pero eso quizás lo pensé en ese momento así que no volví a preguntarte del tema.

Y comenzaste a trabajar en esa cafetería conforme el tiempo transcurría eras cada vez mejor ya sabias preparar toda clase de bebidas frías o calientes eras buena en los números así que cobrabas de igual manera sabia que te estaba haciendo un bien estar ahí eras más responsable en cierta forma pero tu idea de mudarte de la casa de tu mama era tu prioridad número uno.

Querías juntar el suficiente dinero para pagar la renta de ese departamento al pacer ya habías visto el lugar donde te querías mudar nunca me dijiste cuando intentaba preguntarte algo sobre ese tema evadías mis preguntas y cambiabas el tema, creías que no me daba cuenta pero estabas equivocada eras más hábil de lo que tu creías pero en silencio sin decir nada solo trataba de olvidar el tema y seguir con mi vida normal.

Nuestras conversaciones eran cortas y a veces sin un rumbo ya no tenias tiempo para charlar conmigo tu trabajo en la cafetería estaba consumiendo la mayor parte de tu tiempo, doblabas turnos o salías demasiado tarde, varias veces fui a visitarte pero parecía que de vez de darte gusto parecía que te arruinaba tu día.

Veía tus gestos al verme ahí esperaba a que voltearas a verme para saludarte pero me ignorabas sabias que ahí estaba pero muy pocas ocasiones te acercabas a pedirme la orden preferías hacerlo con otras mesas o simplemente decidías estar detrás del mostrador.

No entendía porque eras así ya no tenias tiempo ni para respirar me gustaba verte con una nueva actitud y que estabas siendo productiva pero a la vez eras cruel conmigo solo querías saber cómo estabas querían darte un abrazo y desearte un bonito día.

Tu actitud hacia mi seguía igual, eras arrogante, indiferente y valiéndote todo lo que se tratara de mi ni siquiera sabía si aun seguíamos juntos estaba confundido, no quería que vieras que te estaba dolido por dentro no te iba dar el gusto de verme sufrir por ti, tenía que ser fuerte y sobre llevar la situación tenía que buscar la manera de cómo hablar contigo de saber que estaba pasando entre nosotros.

La incertidumbre me malcomía por dentro así que supe que salías a las 11:30 pm el siguiente día y fui a la cafetería a esperarte y llevarte a tu casa, transcurrió el tiempo de tu salida y sin darte cuenta ahí estaba esperando, saliste con algunos compañeros parecía que estas bien se te notaba en tu rostro y me acerque para saludarte y tu reacción al verme fue sorprendida porque no esperabas verme a esa hora, no tenias nada que decirme pero decidiste regalarme un par de tus valiosos minutos.

Y ahí enfrente de mi me dijiste —que haces aquí? Pensé que te alegraría verme o al menos eso era lo que yo quería hubiera pasado pero te dije que solo quería saber cómo estabas que tenía tiempo sin tener una charla, quería saber si las cosas entre nosotros estaba bien.

Recuerdo tu expresión con los ojos parecía que estabas molesta por algo que había hecho pero no se cual era la razón de que estuvieras así solo me dijiste —no he tenido tiempo para platicar pero en cuanto me desocupe hablamos, y eso fue todo lo que me dijiste te diste la vuelta sin más que decir y te fuiste con tus compañeros que te estaban esperando.

Me dejaste sin palabras no tuviste ni la mínima intención de saludarme o preguntarme como estaba en realidad tenia tanto coraje dentro de mí que quería decirte lo estúpidamente inmadura que te estabas comportando, no tenias los suficientes ovarios para decirme cual era el problema por la cual te estabas comportando de esa manera pero no te importaba tu manera de ignorarme era más clara que el agua no querías saber nada de mí.

Llegue a casa aproximadamente a la 1:30 am solo quería llegar a dormir mi ánimo estaba por los suelos después de tu estúpida charla inmoral de dos malditos minutos que al parecer era lo único que valía para ti, sin más que pensar solo apague la luz y me dormí.

La incertidumbre de tenia por saber que era lo que iba a pasar entre nosotros era una verdadera locura mi cerebro estaba dividido en varias partes una era el trabajo, la segunda era la universidad y la tercera eras tú.

Sabía que no podía estar así todo el tiempo tenía que enfocarme lo que era importante en ese momento y al pacer tu no estabas incluida en ese plan por el momento tu falta de comunicación hacia que eras algo menos que pensar por ahora, el último mensaje que te mande fue hace tres días y ni siquiera lo habías abierto pero estabas en línea eso era más que obvio que ya no te importaba si aun había un nosotros cambiabas muy seguido tu estado de perfil, ponías cosas como si yo fuera el que te había hecho daño o eso pensé que era yo.

Estaba cansado de que iba a pasar ya no tenía animo de seguir luchando por alguien que me ignoraba o simplemente le daba igual si estaba o no, solo quería estar bien conmigo mismo concentrarme en lo que estaba haciendo así que decidí dejarte en paz.

Decidí ya no rogarte mas, quería que fueras feliz aun que ya no fuera conmigo me dolía tanto la decisión pero sabía que era lo correcto ya no había más un nosotros eso se había terminado a pesar de que nunca fuiste la mejor novia eras fría conmigo y tu interés hacia mí nunca fue el más alto pero sé que era lo mejor me dolía dejarte ir pero yo necesitaba mínimamente que tuvieras algo de sentimiento hacia mí.

Eso te había escrito en un mensaje pero la verdad es que no me atreví a mandarlo nunca tenía tanta rabia y enojo hacia ti pero no quería ser yo el que terminara esta relación así que seguí con mi vida habitual no quería molestarte por un tiempo, tal era lo que necesitabas tiempo pero no sé porque no me lo dijiste tal vez lo hubiera entendido y hubiera sido más fácil manejar la situación.

No quería perderte tu habías sido lo mejor que me había pasado después de momentos difíciles eras oxigeno nuevo para mí simplemente eras esa parte que llaman felicidad.

Eras más fría que el polo norte

Eras más directa que una flecha

Eras más cruel que Cruella de vil

Eras muchas cosas pero jamás fuiste amorosa...

Capitulo 6

Pasaron unas semanas sin saber nada de ti, sabía que te conectabas pero no me hablabas así pasaran horas tu no tenias ni la molestia de saludarme pero creo que me había acostumbrado ya no me sentía mal como al principio, parecía que me estaba volviendo inmune a tus desprecios.

Entre proyectos de la universidad y trabajo extra mi cabeza estaba totalmente saturada al parecer el tiempo no iba hacer un buen amigo para mi, mis días eran ajetreados y con muchas cosas que hacer, pero decidí darme un respiro creo que lo necesitaba tenía tanta mierda en que pensar pero sin poder limpiarla en ese momento.

Por las tardes salía a dar un paseo por ese parque que estaba cerca de tu casa solía sentarme y despejar un poco mi mente tirar un poco la armadura tan pesada que llevaba en mis hombros y cerraba los ojos y suspiraba muy profundo, ese lugar me hacía sentir bien había una paz maravillosa, me acercaba a ese pequeño lago que estaba ahí con unas cuantas aves y algunos patos paseando de un lado a otro.

Mi subconsciente sabia que lo nuestro había terminado si en algún momento llego haber algo eso se había acabado, a pesar de tu consiente desequilibrio emocional ahí estaba apoyándote sobre cualquier cosa, sin duda era el mayor estúpido masoquista me tratabas con la punta del zapato pero eso no me impidió llegar amarte quizás había sido mucho para ti que te sentiste menos para mí, o simplemente no estabas a la altura de las expectativas pensabas que sería tu tapete y pasaras sobre mi cuando quisieras pero lamento decirte que me hiciste aprender y ser mejor selectivo a la próxima vez.

Gracias por llegar pero gracias por enseñarme a que las cosas no son para siempre y las personas mucho menos, todo tiene límite y fecha de caducidad que las cosas tienen sentido de ser que las palabras se las lleva el viendo y que el tiempo es el mejor maestro para sanar heridas.

Espero aun siga aquí cuando quieras volver porque para segundo plato solo en un buen restaurante.

Me dirías ardido pero la verdad es que no solo me da tristeza el pobre valor que te das te conformas con poco cuando pudiste tener todo pero esas solo son mis palabras ya que tu habías escrito ya las tuyas.

Mi cuerpo estaba tranquilo y relajado sabia que en el transcurso de los días iba a estar mejor, las cosas iban a mejor contigo o sin ti.

Días ajetreados y con muchas cosas que hacer decidí meterme a un curso de fotografía el cual duraba cuatro meses y sin más pensarlo comencé a tomarlo era una de las cosas que desde pequeño me apasiono pero nunca pude asistir a uno porque mi papa no era muy a fan a eso me decía que era pérdida de tiempo andar tomando fotos a desconocidos y lugares sin sentido.

Que las mejores cosas para hacer era la venta de artículos de segunda mano o invertir en algún negocio que dejara mucho, que me olvidara de esas estupideces y me pusiera hacer cosas de provecho.

En tantas ocasiones me hacía sentir mal y cada palabra me la fui creyendo que la vida se trataba de hacer dinero que no importaba nada mas, pero conforme fui creciendo las ganas de la fotografía volvieron y quería aprender profesionalmente, ya no había razón por hacerle caso a mi papa los gastos iban a correr por mi cuenta sabia que sería algo increíble para mi, ocupar mi cabeza en algo más me haría olvidarme en cierta forma de ti.

Los días transcurrían y mi amor por la fotografía aumentaba creo que ha sido una de las mejores decisiones que había tomado en mi vida, me estaba perdiendo de toda esa arte y maneras de crear una hermosa fotografía, quería que vieras todo esto sabia que también te hubiera gustado era arte como lo que tu hacías dibujar.

Mi técnica iba mejorando el enfoque y la iluminación de una excelente fotografía era lo que estaba creando pensé que iba a costarme mucho trabajo al aprender pero tenía habilidad para esto, antes creía tomar buenas fotografías con el celular pero era un simple aficionado no sabía los enfoques y el momento de una buena captura la experiencia me fue haciendo más hábil.

Empecé a conocer a gente increíble que le apasionaba lo mismo que a mí nos entendíamos y sabíamos de que estábamos hablando me sentía más vivo que nunca me volví a conectar al mundo, había renacido como el ave fénix, pensaba que me iba a costar poder olvidarte y vivir sin ti pero llegue a este punto de mi vida en el que me siento más completo que cuando estaba contigo y no digo que tu no llenabas mi vida solo que tu no me dejabas respirar a mi manera.

Amaba mi nuevo estilo de vida mi humor era alegre y libre, llegue al punto que pensé que tú me hacías sentir miserable y sin vida o quizás era la manera de cómo vivíamos nuestro día a día pero sinceramente eso no importaba en ese momento era inquebrantable y mas lleno de vida que nunca.

Había pasado un meses desde el día que dejamos de hablar eso era más que claro que lo nuestro había terminado si decirnos nada, los días eran perfectos en la universidad me iba mejor que nunca, en el trabajo me concentre mas y era más fácil y en el estudio fotográfico me conectaba al cien por ciento, debo confesarte que conocí a una chica su nombre era Alison muy guapa por cierto tenía los ojos color café chocolate, su cabello era color castaño muy parecido al tuyo era delgada con un estilo moderno de vestir era mi compañera de sesiones.

Al parecer tenía cierta atracción hacia mí su manera de hablarme y su maravillosa atención cuando platicábamos sin duda era la chica de ensueño que cualquier hombre quisiera tener, muy rara vez se molestaba pero era por mi culpa a veces las acciones que hacia eran de un patán me invitaba a salir tomar un café o a comer y en varias ocasiones la deje plantada sin razón alguna o con estúpidas escusas –tengo que ir al súper por leche – mi perro se le atoro un hueso cuando ni si quiera tenía ni una tortuga era un estúpido cretino al no aceptar pasar tiempo con una linda chica y con los sentimientos más hermosos del mundo.

Era un masoquista cuando en verdad llego alguien que podía cuidar mi corazón y nunca lastimarlo no quería involucrarme con ella mi sentido de razonamiento era absurdo pero trataba de ser bueno con ella se merecía un hombre con amor incondicional repito era la mujer perfecta para cualquier hombre linda con unos ojos que te hacían tocar el universo una mirada penetrante pero sincera sin duda era la perfección en persona.

Pero había cierta parte de mi que no quería olvidarte pasamos momentos tan increíbles que esos jamás se irán en de mi memoria quizás Alison era la chica perfecta que lo tenía todo pero para mí tu seguías siendo mi chica perfecta tenias un montón de defectos pero esos te hacían única y especial estabas loca eso no lo dude nunca pero eras mi loca favorita.

Sabía que mi subconsciente me estaba traicionando cuando no debía a ver sido así habíamos llegado a un acuerdo entre mi corazón, mi cerebro y yo que no volverías a mi pero al parecer me traicionaron aquellos dos pudiendo tener a Alison y todo ese amor que tenia quería seguir sufriendo contigo cuando ni si quiera te importara ya.

El curso de fotografía estaba por concluir y mi experiencia había sido la mejor había aprendido técnicas que jamás me imagine que existieran la manera correcta de tomar la cámara, los tiempos exactos de una buena foto sin duda me sentía orgulloso de mi mismo estaba saliendo de mi zona de confort y había aprendido algo en lo que no sabía que era bueno.

Ahora ya podía tomar fotografías sin algún tipo de filtro o mal enfocada porque sabía lo que era una foto de buena calidad, y nuevamente ahí estaba Alison invitándome a su casa a ver una película, creo que me iba a ver mal si la volvía a rechazar a sí que fuimos a su casa conocí a su mama y a su papa muy buenas personas educadas y con buena calidad de vida, no les faltaba nada su economía era estable.

Comenzó la película hasta ese momento supe que era "titanic" era una buena película pero me la sabia de memoria hasta los diálogos porque la había visto más 30 veces me sabia cada escena pero no quería matar su ilusión estaba tan emocionada lo pude ver en sus ojos y con toda la actitud la vi con ella, puedo decir que Alison es sumamente un poco sensible con las películas románticas.

Era una chica bien respetuosa y con la sonrisa mas encantadora pero en ocasiones era irritante no paraba de hablar de su viaje a parís y todo lo que había comprado era muy intensa pero sabía que su intención era buena pero no pude conectar con ella aun que buscábamos lo mismo un amor de verdad, no sentía nada por ella como lo sentí contigo la primera vez que te dije —hola

Apoco de terminar la película Alison no paraba de llorar me dio un abrazo y correspondí a él no sabía que estaba pasando en ese momento lo único que sabía es que ella sentía algo muy fuerte por mí, no quería lastimarla no sabía cómo decirle que no sin hacerle daño no quería ser como tu frio sin sentimiento, pero al momento de separarnos me miro y me dijo — sé que hay una conexión entre nosotros pero quiero llevar las cosas con calma para que funcione.

Me quede sin palabras sabia que se estaba enamorando de mi pero yo no sentía nada por ella, iba hacer muy difícil decirle que no sentía lo mismo tenía que pensar en algo antes de que se saliera de control lo único que le dije fue que el tiempo perfecto es para las personas correctas me sonrió y me volvió abrazar carajo sabia que la había cagado pero tenía que ser inteligente y manejar la situación con inteligencia.

Sabía que ya era tarde y debía ir a casa porque mañana iba hacer un día con mucho trabajo, ya no sabía cómo mirar a Alison de todas las formas quería lanzarse y abrazarme.

Nos despedimos con un beso en la mejilla y ella me puso en la mano un hoja doblada al parecer era una carta sin hacer mas alboroto la guarde en la bolsa del pantalón y me fui.

Al llegar a casa lo único que quería era dormir estaba cansado los ojos se me cerraban constantemente pero tuve curiosidad que decía la carta que me había dado Alison

La carta decía:

Hola niño lindo espero cada línea que te escriba te recuerde lo mucho que me gustas, desde el primer día que te vi me dejaste sin aliento mis ojos brillaron al verte, ame tu forma de ser tan lindo conmigo.

Me sentía protegida cuando caminábamos juntos eres como mi príncipe que siempre soñé se que tu eres el correcto para mi, amo tu sencillez tu educación como todo un caballero no tienes ningún defecto creo que lo único que cambiaria de ti es que sientas el mismo amor que yo siento por ti.

Te sentía distanciado de mi en ocasiones pero sabía que tenias cosas que hacer así que voy a respetar tu tiempo y espacio y sabes que cuentas conmigo para lo quesea quiero ser algo más que solo una amiga pero te voy a esperar porque en verdad me gustan un buen y quiero hacer las cosas bien contigo.

Espero no a verte interrumpido en lo que estuvieras haciendo solo quería que supieras lo que yo haría por ti, gracias por llegar a mi vida te mando un fuerte abrazo y muchos besos y pasa una hermosa noche eres muy especial para mí.

Att: Alison

Al terminar de leer la carta me quede sin nada que decir de verdad estaba enamorada de mi sabía que estaba metido en una bronca pero algo tenía que hacer para que la lastimara.

Esperaba que no fuera a terminar mal esta situación pero sin pensarlo había alguien que en verdad estaba enamorada de mi incluso hasta en una hoja de papel lo dio a notar hizo lo que tu jamás hiciste demostrarme amor o mínimamente una señal de que te importaba

Pero no lo hiciste a pesar de que te ame tanto jamás lo viste y había alguien más que me lo daría sin pedirme nada a cambio si tan solo hubieras sido la cuarta parte de lo que fue Alison sería feliz porque tú eras la correcta con la que quería pasar el resto de mi vida.

“En los sentimientos no se manda cuando hay amor, ni el mismo viento se los puede llevar”…

Capitulo 7

Fotografías

Sabía que un gran terremoto estaba por llegar a mi vida, la situación con Alison de verdad se estaba convirtiendo en un gran factor, los días seguían pasando y su manera de ser maravillosamente tan linda conmigo era más que enserio creo conforme los días siguieron pasando iba a ser mas difícil salirme de su vida.

Estaba pasando por una etapa de superación de ti ya no estabas aquí conmigo pero sabía que en teoría no habíamos terminado definitivamente entonces eso significaba que no podía estar con alguien más porque si no sería "ponerte el cuerno", (engañarte) todo era tan confuso mi cabeza era un rompecabezas en el que tenía que acomodar las piezas correctas en su lugar aun que las cosas que me estaban pasando eran buenas había una parte de mi que no lo sentía así me sentía incompleto y no estaba seguro de lo que pudiera suceder.

Caminaba entre las calles con infinidad de cosas en la cabeza mis pensamientos eran largos pero sin rumbo cada decisión que tomara tenia cierto riesgo unos para bien y otros ni siquiera sabía que fuera riesgo necesitaba un buen consejo en el que me digiera que hacer cual sería la mejor opción para mí que rumbo seguir sin perder mi camino, era más que lógico que no estaba en sintonía debía hacer algo y que fuera lo más pronto posible.

Tenía solo 3 caminos diferentes:
1.- seguir como si todo estuviera bien con Alison y con mis actividades del diario

2.- decirle a Alison que parara, que no me gustaba y no quería nada con ella

3.- Salir a buscarte y rogarte hasta que me hicieras caso nuevamente y no importando cualquier circunstancia que pudiera pasar

Sabía que cualquiera de las tres opciones era una mierda no podía ser tan cruel y bueno al mismo tiempo bueno, eso era mi criterio el punto es que tenia oportunidad de entrar a la puerta que estaba abierta en donde las cosas de tras eran buenas y sinceras, había amor de por medio y mi felicidad podía estar en plenitud o eso creía. (Alison)

Y las otras dos puertas estaña medio cerradas era una probabilidad de que siga sufriendo por desprecio y amor, que me quede amargado y sin ganas de seguir viviendo pero quizás pudiera a ver una luz al final del túnel y todo fuera mejor y diferente, pero lo que en realidad quería era estar contigo en verdad quería seguir a tu lado.

Mi inseguridad me estaba llevando un callejón oscuro queriendo asaltar mi inseguridad y paz interior pero las cosas se fueron poniendo color de hormiga, ya no solo era una sonrisa de buenos días, o un mensaje de — ten un bonito día nene, tenía que parar esto Alison paso de ser una chica linda y agradable a una loca enamorada su intensidad era más grande que la mismísima Torre Eiffel creo que ya se había salido de control pero no quería lastimar esa forma tan suya de ser era linda pero a la vez irritante.

Tenía que sacar valor interno y muchos huevos para decirle que parara que todo lo que hacía por mi era lindo pero que no había conexión entre nosotros era muy hermosa en verdad pero la belleza no lo es todo, tenia los mejores sentimientos eso no lo podía negar tenía el corazón más dulce que jamás había visto pero yo no sentía nada por ella simplemente la veía como una buena amiga eso era todo no podía ofrecer más que mi sincera amistad.

Que mas me hubiera encantado conocerla desde antes, si antes de que tu hubieras aparecido en mi vida creo que para mí era importante que me amaran con algo sincero sin reproches y condiciones quizás ella en ese momento hubiera sido mi chica perfecta y quizás hoy hubiera sido el hombre más feliz del mundo o quizás no, quizás hubiera sido una chica sicópata que no me hubiera dejado crecer personalmente y desarrollar nuevas habilidad nuevos proyectos no lo sé tan solo quizás pero el quizás no existe solo existe la conexión que hubo entre nosotros, no era mejor pero había química nuestras diferencias complementaban la locura de cada uno aun que en realidad ese título siempre lo ganabas tu, te extraño tonta engreída eras mi mundo, las cosas sin ti son diferentes estoy bien puedo decirlo pero contigo era mejor aun que no fuiste nada amorosa conmigo aun y con todos tus defectos te ame con locura y si te volviera a conocer te volvería a elegir a ti en todas las ocasiones.

El sentimiento estaba a flor de piel, esa sensación por la que no quería volver a caer recordarte y saber que estas cerca de mí pero al mismo tiempo muy lejos no querías saber nada de mí, eso lo note el último día que te fui a ver a la cafetería recuerdo como me miraste con desprecio y sin ganas de mirarme, parecía que ya no era importante para ti y no sé si en algún momento lo fui, pero quizás ya estabas fastidiada de mi presencia querías salir y ser libre con cualquier cosa que estuvieras haciendo y hasta quizás habías encontrado a alguien más.

Tu falta de paciencia y compromiso se fue diluyendo tus ganas de estar conmigo eran cero si tan solo me explicaras cual fue la razón de que ya no querías verme o incluso contestarme un maldito mensaje no lo sabía pero eso ya no importaba porque las cosas

Entre tú y yo parecía que se había terminado, era débil pero mis ganas de seguir adelante eran las que me levantaban para tener la mejor sonrisa aun que en ocasiones fuera falsa, la máscara que llevaba puesta ocultaba la tristeza de mis ojos la desilusión de tu partida y la agonía que tenía que fingir día a día.

No quería que mi vida volviera a ese derrumbe emocional por lo que había pasado hace unos años, sabía que la caída estaba siendo demasiado dura seguías en mi cabeza dando vueltas en todo momento necesitaba que te fueras ya no podía seguir así las cosas que me estaban pasando eran buenas, mi vida estaba siendo levantada de nuevo mis ganas de vivir se estaban reconfortando pero no podía estar al cien por ciento si tu seguías ahí sin hacer nada pero solo tapando mis buenos pensamientos.

Los días seguían pasando y la relación de amistad que había con Alison era más profunda aun que ella no se daba cuenta que mi interés hacia ella era totalmente ninguno, seguía insistiendo seguía siendo linda y tierna, solía llevarme casi seguido el almuerzo al trabajo aun que lo dudaba mucho que ella cocinara pero en verdad cocinaba y vaya que cada cosa que probé era exquisita su toque era más que bueno.

Con esta forma de ser a cualquier hombre enamoraría, como dice un buen dicho "al hombre se enamora desde el estomago hasta llegar a su corazón" y sin duda Alison lo estaba haciendo no podía cortarle su ánimo y sus ganas de estar conmigo, quería darme una oportunidad con ella pero creo que aun faltaba un tiempo más para ver como seguían las cosas y si en el transcurso llegara a sentir algo verdadero y sincero por ella.

Admiraba su respetuosa forma de ser, jamás se lanzo a darme un beso sin que no fuéramos nada tenía limites eso me gustaba de ella era intensa eso sin duda pero su autocontrol emocional era estrictamente firme así pudiéramos estar solos en su casa nunca paso nada más que un abrazo y una buena charla.

Sin duda era totalmente diferente a ti, creo que si la hubieras conocido la odiarías por su manera de hablar, de expresarse, hasta su manera de caminar qué bueno que jamás lo hiciste no hubieras tenido piedad con ella al punto de hacerla sentir de lo peor ibas a tacar como un león hambriento a aquella frágil gacela escondida por los arboles.

No ibas a tener piedad con ella porque si conmigo no lo hiciste menos lo ibas hacer con ella nunca le dije una palabra de ti y así quise seguir que no se enterara de la clase de chica que fuiste que tenias un poco de todo extrovertida, sincera, de pocas palabras y en ocasiones pero muy en ocasiones un poco pero muy poco amorosa.

Si hubiera sabido como eras y yo aun con todo eso estaba enamorado de ti creo que me hubiera odiado mas a mí que a ti, y si hasta yo me hubiera odiado ser un maldito masoquista que se quiere quedar donde no hay amor, donde las palabras no tienen razón de ser donde el amor está guardado en un frasco en lo más profundo de la oscuridad sin saber que ya estaba caducado.

Hasta cualquier persona por mas loca o psicópata estuviera me diría que estaba estúpidamente desquiciado por tal locura que estaba haciendo a quien podía engañar si estaba loco, pero mi locura cegaba mas allá de lo que quería que pasara pero la realidad es que tu jamás ibas a cambiar tu eras a si la vida te hizo así dura y hasta sin amor propio quizás demostrabas amor pero a tu manera o como tu creías que era el amor para ti.

Pero debía resignarme a que así eras tú, aun que en ese momento no sabía si te volvería a ver las cosas eran diferentes no estábamos juntos y eso era algo que no podía cambiar.

Y así mi vida seguía avanzando cada decisión que tomara era de peligro o un nuevo avance para mi tenía que ser cauteloso pero concreto mis pasos tenían que ser firmes y sin escala tenía que levantarme de nuevo y salir a comerme al mundo antes de que el mundo me devorara a mí.

Y vaya sorpresa que me lleve...

O por dios Alison se le ocurrió la grandiosa idea de tomar fotografías de lugares increíbles de paisajes de ensueño — y Alison me dijo — sería increíble ir un fin de semana a tomar todas las fotografías que pudiéramos sería un bonito recuerdo que pudiéramos pasar más tiempo juntos.

Al principio pensé que era una mala idea pero no había nada que me impidiera hacerlo a parte íbamos en plan de amigos hasta ese momento y tan sesillo fue decirle —ok—vamos me agrada la idea.

Así que pasamos uno de los mejores fines de semana que hace mucho tiempo no pasaba me divertí, y sacamos fotografías maravillosas como podía ver tanta belleza en una sola foto, estaba impactado y emocionado sin duda me gusto pasar el tiempo con Alison creo

que empezaba a sentir algo serio hacia ella, no hacía nada mal así fuera el más mínimo detalle lo hacía bien, carajo espero no equivocarme y si hubiera algo con ella hacerlo de la mejor forma.

Que si cambiaria algo de Alison la verdad es que no, era autentica era una chica con sentimientos lindos y sabe lo que quería

Que si es diferente a ti si y por mucho pero hay algo que me hubiera gustado más, que hubieras sido tu, todos esos lugares y a donde fui con ella me hubiera encantado que tu hubieras sido, era linda y divertida pero tú eras loca y autentica.

Perdón si te he sido sincero pero tenía que decírtelo así pasaran mil años tus serias la única que quisiera tener en mi vida.

“Los mejores viajes no son con la persona perfecta, si no con la persona correcta que te haga sentir completo y enamorado”...

Capitulo 8

Y no me atreví a decirte que si Irlanda

Decías que las palabras se la llevaba el viento, que los amores tenían fecha de caducidad, que los buenos tratos eran sonrisas falsas que no existía la persona perfecta que solo era actuación lo que tu creías o querías que fuera.

Tus palabras tenias orden y sentido tenias tantas cualidades que moría por descubrir cada una de ellas, pero me falto tiempo para a verlo hecho, sabía que tenias tantos secretos sin ser descubiertos aun tenias tanto por que vivir, pero las cosas son impredecibles y cuando menos lo esperabas todo se iba al borde de un acantilado sin retorno.

Eras impredecible asumías que todo iba a estar a tu favor cuando te conocí sin darme cuenta no sabía en qué grave problema estaba por cometer pero todo fue tan rápido en un simple pestañeo comencé a sentir cosas que jamás me habían ocurrido entraste a mi vida como una bala tan rápido que no me di cuenta cuando paso.

Susurrabas a mi oído, tus manos frías tocaban mi rostro sentía tu mirada encima de mí, escuchaba tu respirar tenias algunas lagrimas en tus ojos no sabía si era felicidad sin sentido o tristeza descontrolada necesitaba saber que sentías cual era la razón por la que tus sentimientos eran reencontrados o quizás eran parte de tu sufrimiento.

La luz del sol pego a mi rostro deslumbradme abrí los ojos poco a poco sabia que estuviste en mi sueño eras tú, jamás olvidaría esos hermosos ojos color verde esperanza pero te veías triste y con pocas ganas de seguir viviendo, fue extraño verte en uno de mis sueños y hace mucho que no había podido dormir como hasta ahora.

Sabía que el día iba hacer pesado tenía muchos pendientes por hacer, me levante de la cama sin excusas para ser un día más productivo.

Al llegar a la universidad me llego un mensaje de Alison diciendo que necesitaba hablar conmigo era muy importante lo cual la espere fuera en una de las bancas cerca de la universidad porque ella no iba ahí éramos de diferentes universidades así que la espere aproximadamente diez minutos y ahí estaba con esa simpática forma de caminar moviendo los brazos de un lado para otro.

No tenía idea de que me iba a decir solo esperaba que no tardara tanto porque tenía un examen muy importante y solo había estudiado algunas cosas.

Al acercarse a mí se veía con los ojos irritados como si hubiera llorado pero no sabía que estaba pasando le pregunte si estaba bien solo me miro y me abrazo estaba confundido comenzó a llorar sin sentido pensaba que algo les había ocurrido a sus papas las lagrimas era constantes y en silencio.

Se alejo de mí y con esa mirada derrumbada y sin consuelo me dijo que a su papa le ofrecieron un nuevo empleo en Irlanda y todo había sido tan rápido que se tenían que ir lo antes posible.

Me quede sin nada que decir sabia que las cosas con Alison estaban marchando de la mejor forma a pesar de que nunca paso nada serio entre nosotros me sentía triste porque había pasado tiempo desde que la conocí y ella siempre estuvo ahí procurándome todos los día sabía que iba hacer muy difícil acostumbrarme estar sin ella.

Creo que las oportunidades solo se viven una vez, y eso me había pasado con Alison siempre estuvo para mí y en mis peores momentos me levanto y me hizo fuerte alegraba mis peores días y me hacía sentir una paz interna.

Mis palabras fueron cortas y le dije -que lamentaba mucho no a ver podido dar el siguiente paso pero le agradecía por los buenos momentos que me hizo pasar quizás no era un adiós si no un hasta pronto y le di un fuerte a brazo.

Era una increíble chica su corazón estaba lleno de muchos sentimientos sabía que estaba perdiendo a una gran mujer pero creo que era lo mejor que se fuera porque no sabía si yo le iba a corresponder como ella hubiera querido.

Sus últimas palabras antes de irse fueron — eres maravilloso y gracias por darme un poco de tu tiempo y pasarlo conmigo me hubiera encantado seguir aquí para vivir más momentos como los que me regalaste estando aquí espero verte pronto algún día.

Cada palabra que salía de su boca eran cálidas sabia como hacer sentir bien a las personas la iba a extrañar pero era lo mejor y esperaba que algún día encontrara al hombre indicado para ella porque se lo merecía entre sus defectos que eran muy pocos sin duda había sido un placer a verla conocido llego a mi vida sin esperarla y se fue sin esperarlo hiso mis días un poco más agradables sin duda la iba a extrañar.

No cabe duda que las mujeres cerca de mí en algún punto se marchan llegue a pensar que tal vez era mejor estar solo que eso del amor no era para mí, cuando quería hacer las cosas bien contigo simplemente te largaste sin ninguna explicación y cuando se habían enamorado de mí, no quise por miedo a no corresponder con lo que me estaban ofreciendo era un completo imbécil lo tuve todo y la vez me quede sin nada el enojo me estaba consumiendo sabia que la estaba cagando de nuevo pero las vueltas de hoja ya no aplicaban para mí.

Mi estúpido sentido de no eres tu soy yo me estaba consumiendo hice lo mismo que tu conmigo desaprovechando la oportunidad de que alguien me hubiera amado de verdad pero me di la vuelta sin importarme lo que iba a perder frente a mis narices.

Trataba de auto consolarme dándome palmaditas en la espalda que todo iba a estar bien y ese era el punto Alison me hacía sentir bien, en ocasiones llegamos a platicar por medio de video llamada tardábamos unas cuentas horas me sentía aliviado saber de ella me contaba que los paisajes en Irlanda era hermosos sus calles, los lugares mágicos era como vivir en otro mundo.

Eso me hiso sentir bien por ella que su adaptación en un nuevo país estaba siendo bueno pero no estaba del todo feliz porque se había ido cuando empezaba a sentir algo por ella, y no quise decirle nada porque no quería que ella fuera a tomar una mal decisión por mi berrinche así que fue lo mejor.

Me mando unas cuantas fotografías de verdad eran increíbles sin duda Irlanda tenía paisajes de ensueño me dijo que eran especiales solo para mí que nadie más las iba a tener eso me hizo sentir especial sabía que había dejado ir a una gran chica como ella eran pocas en el mundo, estaba triste por su ausencia, irónico no su partido hiso que me diera cuenta de lo que deje ir pero era mi recompensa por a ver sido tan estúpido con ella cuando la tuve cerca de mí.

Comencé a sentir solo ya no había nadie quien me buscara o me llevara el almuerzo a la universidad, tenía que aprender a valorar lo que la vida y Dios nos daba porque no sabíamos cuanto tiempo iba a durar.

Ya habían pasado unas cuantas semanas desde que Alison se había ido seguíamos platicando pero ya no era lo mismo cada vez eran menos el tiempo poco a poco se iba olvidando de mi, y era más que lógico que eso iba a pasar conocería gente nueva hasta un chico que en verdad quisiera estar con ella.

Era mi condena estaba pagando mi arrogancia y mi forma de ser con ella cabe mi propia tumba antes de morir.

"Me creía todo cuando en verdad no era nada"...

Capitulo 9

Respirar, sonreír y avanzar

Las creencias eran un capitulo mas de mi vida, había creído que los mejores momentos se iban a quedar para siempre, que los recuerdos eran una ilusión dentro de mi cabeza que el amor eterno era inquebrantable sin sentido alguno.

Pero sabía que mi vida podría desmoronarse frente a mis ojos mis ganas de cambiar una mínima parte de mí, pensaba que el amor se había terminado todo comenzó a ser difícil mi vida social no tenia rumbo me estaba tomado muy enserio esto del amor, quería ser el de antes cuando no conocía lo que era resistirse a alguien que no estaba para ti.

Ese quebrantamiento que erizaba tu alma quería volver a mi vida cuando solo era yo cuando las palabras no se hacían daño, cuando mis heridas pasadas habían sanado y estaba listo para comenzar de nuevo, quería resistirme al dolor pero mi orgullo se resistía a que volviera hacer feliz.

Quería gritar en esa montaña en donde no había nadie quien te juzgara, donde las cosas más difíciles se las llevaba el viento, donde los cantos de los pájaros eran alabanzas para mis odios donde podía respirar para vivir de nuevo.

Eso a ti nunca te importo, jamás preguntaste si estaba bien pero aquí estuvo tu imbécil esperándote creyendo que ibas a cambiar que tus palabras serian calma para mi alma solo te dedicabas a ser tu, sentía lastima por ti pero tú no sentían nada por nadie, me doy cuenta que fui un maldito títere para ti, me usaste para quizás no sentirte sola o simplemente para ganar una víctima más, tu sabias como llegue amarte tanto? Quizás ni te intereso nunca pero yo si lo sabía porque mis ganas eran tan grandes que hubiera dado todo por ti, y no es un reproche simplemente fuiste injusta.

Abrí mi corazón contigo deje que entraras a mi alma y te senté en lo más profundo de mi mente pero para ti eso no te importo nunca, te fuiste a la sencilla dejarme sin ninguna explicación sin responder unos cuantos malditos mensajes era como si nunca hubiera aparecido en tu vida.

No fuiste consiente de tus actos suicidas del crimen que habías cometido habías matado a mi corazón no te basto solo una bala si no lo terminaste apuñalando sin piedad no tenias resentimiento del asesinato que habías cometido.

Te fuiste con las manos llenas de sangre dejándome sin vida oficialmente eras una acecina del mal de amor.

Aun que ya no estabas aquí tú eras la culpable de todas mis caídas cuando pensaba en volverme a levantar aparecías nuevamente en mi cabeza me estabas destruyendo por dentro tan difícil fue estar conmigo o no tu viste el valor para decir que no era lo que buscabas, pero fuiste cobarde y saliste corriendo, así como habías tenido el valor de dejarme lo hubieras tenido para decírmelo en la cara que ya no me querías mas en tu vida.

Pensé que eras más valiente que no corrías por estúpidas situaciones pero, ahora entiendo que tu no estuviste a mi altura parecía que era mucho para ti, o eso es lo que me hiciste pensar no todos los días te encuentras a alguien como yo que tenía todo para amarte al parecer tu gustos son otros, de esos que no valoran a una mujer que las insulta, que las golpea frente a las personas que llega hasta la madre de borracho a las 3 de la mañana a tu casa haciendo un espectáculo estúpidamente ridículo quizás querías uno de ese tipo.

Discúlpame por no ser así a pesar de que no tuve la mejor educación con mi papa sabia que a una mujer se le respetaba no importando la edad, discúlpame por estar hecho a la antigua con un buen ramo de flores, cartas escritas a mano, y esos pequeños detalles que eran únicos y especiales.

Quizás ya no estábamos en esa época y por eso el efecto ya no funcionaba como antes el tiempo de lo romántico se había terminado quizás nunca fui lo que esperabas pero te conformaste en ese momento conmigo y si fue así que lastima porque en verdad te ame demasiado fuiste y seguirás siendo unas de las mejores partes de mi vida.

Estaba cansado de tanto reclamarte mis ganas se iban cayendo a pedazos sabia que me estaba haciendo un mal pero aun así lo seguía haciendo era como caminar en círculos siempre regresaba en donde empecé, no sabía cómo sacarte de mis recuerdos nunca llegue a pensar que una persona que le importe casi nada me estaba matando en mis propios sentimientos era absurdo pero así trabajaban mis sentimientos.

Tenía que darle vuelta a la pagina y escribir una nueva historia, Alison ya no existía mas fue un buen tiempo con ella pero había salido de mi vida ya, y tú a pesar de que no estabas físicamente seguías dando vueltas en mi cabeza no sé porque me enamore tanto de ti, no te importo lo nuestro pensaste que estábamos jugando a los novios y que te podías ir así si palabras si nada que decir me dejaste colgado sin ninguna explicación habías hecho tu entrada espectacular pero fue tan mala tu actuación que saliste abucheada por la puerta trasera.

Quise comenzar de nuevo una vez más mis caídas eran muy frecuentes tenía el corazón de papel era muy sensible y de poca resistencia en las cosas del amor, no quería estar condena para siempre tenía que ser un poco duro en ocasiones que eligiera bien la próxima vez y que en las oportunidades de verdad las tomara y me dejara de estupideces porque si seguía así nadie querría estar conmigo.

Era yo contra el mundo debía tomar nuevas fuerzas caminar por el sendero del bien, que las cosas fluyeran por si solas, el objetivo era correr esa maratón y llegar a la meta así tropezara mil veces, mil veces me levantaría tenía que secarme las lagrimas salir de esa oscuridad que estaba condenando mi vida era más fuerte que cualquier cosa, aun tenía mucha vida era el momento para brillar una vez más.

La confianza era uno de los regalos que jamás había abierto estaba emocionado sabia que venían cosas buenas que la vida me estaba dando una nueva oportunidad así que lentamente fui retomando las fuerzas que había perdido, ya no te necesitaba más gracias pero no me estaba muriendo por alguien que no le importaba así que decidí hacer lo mismo darte por tu lado y seguir mi camino.

Comencé a ser nuevos hábitos hacer un poco de ejercicio, aprender a cocinar mejor, aprender a tocar la guitarra y seguir con mi vida cotidiana y seguía tomando fotografías a hermosos paisajes.

Tenia infinidad de cosas que hacer mis tiempos eran divertidos y me estaban haciendo un bien estaba volviendo a la vida, necesitaba amor propio era como si hubiera muerto y regresara a la vida, estaba reconfortándome mis ganas de vivir eran mejores que antes y quería darte las gracias por alejarte de mí, solo esperaba que te encontraras bien que estuvieras viviendo tu vida como querías, no sabía si era así pero esperaba que sí.

Al parecer había salido de tu número de contactos eso vi la última vez que vi en whatsApp me habías bloqueado eso decía pero en verdad eso ya no importaba me sentía bien sin resentimientos, el otro yo hubiera hecho un gran drama pero este nuevo yo no lo iba hacer ya estaba viendo una nueva etapa en mi vida que me pude reencontrar conmigo mismo y supe que aun tenía muchas cosas por hacer así que eso hice me lance a mi nueva vida.

"Y me di una segunda oportunidad porque sabía que estaba listo para saltar"...

Capitulo 10

Mr. Optimista

Las vacaciones de verano estaban por llegar, se sentía ese rico clima caluroso pero fresco a la vez estaba emocionado porque descansaría un rato de exámenes y tareas sin fin, tenía pensado salir algún lugar pero preferí quedarme en la ciudad visitar nuevos lugares en donde jamás había visitado.

Estaba convencido que mi vida estaba avanzando como en verdad quería, decidí darme un tiempo a solas sin nada de romance por el momento quería estar bien conmigo mismo y más adelante si todo salía bien y llegara alguien especial no iba a cerrarme a la posibilidad de enamorarme.

Pase tiempo en lugares asombrosos los mejores paisajes de la ciudad no dude fotografiar cada uno de ellos, caminaba por el parque a respirar un poco de aires libre, los niños jugaban y disfrutaban su momento, estaba convencido que estaba mejor sin ti y no quería que lo fueras a mal interpretar te habías llevado un trozo de mi vida pero me hizo bien estar lejos de ti aprendí que no se necesita a nadie para ser feliz bueno solo a Dios era el único que podía hacerme sentir bien.

Mis pulmones se llenaron de carcajadas después de aquella maravillosa película que vi, paseaba, conocía, me divertía y era feliz encontré el punto entre mi felicidad y yo al fin nos habíamos reconciliado éramos una feliz pareja no había reconciliaciones porque ya no existían mas peleas, éramos plenos y con vida disfrutamos nuestra manera de estar juntos nos entendíamos y sabíamos que si algo podía estar mal lo solucionábamos teníamos química y eso era lo que hacía que la relación fuera inquebrantable.

Cada día era una nueva oportunidad para ser mejor, para crecer y para dar amor a quien lo merecía, me llamaban Mr. optimista porque compartía mi felicidad al mundo cada persona que estuviera cerca de mi le regalaba una sonrisa o le daba un buen cumplido me hacía sentir bien, regalar un poco de mis buenos deseos hacia los demás mi vida estaba siendo como la esperaba plena y con ganas de dar lo mejor de mí, y no significaba que tu viera días malo claro que los tenia pero siempre buscaba el lado bueno o chistoso solo sonreía y seguía adelante, no era perfecto y mucho menos la mejor persona pero trataba de hacerlo quizás no iba a cambiar al mundo con una simple sonrisa pero si hacer más agradable el día de mierda que a cualquiera nos llego a pasar.

Hice una lista de las cosas que quería hacer en mi futuro y si alguna me la saltara tenía que esforzarme y conseguirla sobre cualquier circunstancia.

PROPOSITOS Y DESEOS

1.- SER OPTIMISTA Y FELIZ CONMIGO MISMO

2.- TERMINAR LA UNIVERIDAD

3.- VIAJAR ALGUNAS PARTES DEL MUNDO CON ALGUIEN

4.- TENER EL TRABAJO DESEADO

5.- TENER UN PERRO Y QUE SE LLAME RINGO

6.- CONOCER A LA CHICA CORRECTA

7.- TENER UNA CASA FRENTE A UN LAGO

8.- CASARME CON LA CHICA CORRECTA

9.- TENER HIJOS CON LA CHICA CORRECTA

Tenía un gran reto, mi vida tenía que ir tomando ese rumbo que había planeado sé que la vida es de sorpresas unas buenas y otras no tanto pero estaba convencido que podría hacer no sé hasta cuantos podía pero lo iba a intentar sé que mi vida es prestada hoy estamos aquí mañana quien sabe así que comenzaría esa nueva aventura mi futuro dependía de mis acciones.

"No era perfecto y especial, pero le sonreí a la vida y ella me regalo amor"...

Capitulo 11

Un nuevo comunicólogo

Estaba a poco tiempo para concluir la universidad los días eran desgastantes y con muchas cosas por hacer sabía que estaba por cumplir uno de mis propósitos que me había decidido a cumplir, eran largas horas de proyectos los cuales era la acreditación para la titulación.

Sabía que todo esfuerzo iba a valer la pena cada gota de sudor y noches enteras sin dormir estaba muy enfocado en lo que realmente valía la pena, mi mama hubiera estado orgullosa de mi a qué punto estaba llegando en mi vida, y de mi papa no puedo decir lo mismo el siempre dijo que era lo mínimo que tenía que a ver hecho y con toda su arrogancia y falta de tiempo hacia mí lo estaba consiguiendo era un logro para mi, sabia que el punto de la madurez estaba tocando mi vida era tiempo de tener nuevos horizontes y seguir adelante sobre cualquier cosa.

Hubiera sido un gusto haber podido estudiar juntos pero creo que no quisiste saber de los estudios por un rato y está bien creo que la mayoría de los chicos eso hacían a menudo ser libres sin responsabilidades y hacer cualquier cosa que quisieran hacer.

Pero tómanos diferentes caminos tu querías ser libre y manejar tu vida y tu tiempo en cambio yo quería ser alguien en la vida y dejar la inmadurez a un lado ahora me doy cuenta que realmente si éramos diferentes por eso nunca pudimos hacer cosas similares había tanta locura en ti que empecé a pensar si era contagioso solo esperaba que estuvieras bien hace ya un tiempo que no sabía de ti, prometí ya no reprocharte nada porque está bien y no quería volver a recaer en cosas del pasado.

El tiempo está siendo un buen amigo conmigo y eso que no tienes amigos en ningún lugar decían que era impredecible que pasaba cuando menos quería y se quedaba sin ser invitado jugaba con la vida de las personas pero nunca se iba a ir porque el tiempo no tienes momento y espacio simplemente hacia su trabajo.

Estaba nervioso por fin había llegado el día estaba a punto de concluir la carrera de comunicación fue un gran reto llegar hasta aquí pase momentos muy difíciles al punto en el que quería tirar la toalla, mi orgullo fue más fuerte que el miedo que las oportunidades no hay que dejarlas que se escapen, los obstáculos siempre iban a estar ahí pero dependía de mi saltar cada uno de ellos los años me hicieron más fuerte sabia que la batalla estaba

por comenzar y debía estar listo con escudo y espada en mano quizás podía caer pero tenía que intentarlo y cruzar sobre cualquier circunstancia.

Las cosas salieron como estaban planeadas todo fue un éxito sabia que lo iba a lograr, las piernas me temblaban de emoción tenía unas ganas fuertes de llorar sabia que lo estaba logrando cada minuto había valido la pena, mi papa había llegado tarde pero ahí estuvo solo faltaron dos personas que fueron importantes para mi vida mi mama y tu, pero a pesar de tu ausencia fuiste parte de mi vida, llegaste en el momento donde no sabía ni quién era yo, hubo momentos buenos y malos solo guarde en mi me moría los que valieron la pena me hubiera encantado a verte tenido ahí sonriéndome y aplaudiendo uno de mis logros pero estoy feliz porque las cosas fueron tomando forma y los caminos que teníamos que a ver seguido.

No sabía si algún día te volvería a ver o quizás saber de ti en esta vida todo era podía ser inesperado así que estaría preparado si así hubiera pasado.

Tenía tantas emociones en mi cuerpo que no sabía cómo controlar cada una de ellas aun no me la podía creer que al fin era licenciado en comunicación hasta decirlo era bello pero esto no terminaba aquí tenía que seguir adelante el primer paso ya lo había dado tenía que seguir luchando por los objetivos que me había propuesto.

*Tenía paz interna

* Felicidad a flor de piel

*Objetivos por cumplir

* Motivación sin límite

Cuatro de las grandes razones por las que mi vida estaba plena, estaba parado donde tenía que estar, sabía que avanzar era lo correcto que y eso iba hacer.

"Y fui el actor principal el telón se había abierto era momento de salir a brillar"...

Capitulo 12

Avión sin retorno

Era tiempo de cosas nuevas mi estancia en la universidad había concluido debía enfocarme a lo que me dedicaría el resto de mi vida, un viejo de la preparatoria su nombre era Carlos me había comentado que se iba a ir a España porque había bastante oportunidad de trabajo haya y me dijo que si estaba interesado de ir con él.

Quise tomarme unos días para pensar y tomar la mejor decisión, quizás era una gran oportunidad para cambiar mi estilo de vida y vaya que lo necesitaba conocer gente nueva y empezar de cero en un nuevo lugar.

Las preguntas más frecuentes en mi cabeza eran:

- ¿será lo mejor?

- ¿mi vida será diferente?

- ¿me acostumbrare a un nuevo país?

- ¿conseguiré el mejor trabajo?

Eran preguntas que giraban sobre mi cabeza, pero quería hacerlo atreverme a cosas nuevas, era un gran desafío y quería aventarme a cosas diferente.

Y habían pasado dos días para pensar lo que me había dicho Carlos pero no había nada que me impidiera irme, podría decir que solo era mi papa pero creo que en su humilde opinión le daba igual así que le envié un whatsApp y le dije que me iría con el que solo arreglaba la cuestión del pasaporte y estaría listo para irme.

La decisión ya estaba tomada tenía que mentalizarme que estaba a punto de viajar a otro país en el que no conocía a nadie seria todo diferente, la forma de vivir y de cómo las personas viven su día a día estaba emocionado por las cosas que estaban pasando en mi vida las emociones estaba por salir de mi cuerpo pero quería hacerlo necesitaba tener nuevas oportunidades para crecer personalmente.

No pensé que el trámite del pasaporte era de muchas horas, tantos procedimientos que seguir y que estuvieran en orden pero todo había salido bien ya tenía el pasaporte listo

para usar pero antes de avisarle a Carlos que ya estaba preparado para viajar debía hacer una última cosa ir a despedirme de ti.

No sabía que iba a pasar cuando me vieras de nuevo, no sé si iba a pasar lo mismo de la última vez que te diste la vuelta y me dejaste sin nada más que decir, pero esperaba que esta vez fuera diferente solo quería despedirme y desearte lo mejor en lo que estuvieras haciendo sin reclamos y ningún reproche de por medio.

Hace mucho que no pasaba por estas calles me trajeron bastantes recuerdos cuando estábamos juntos, y llegue a la cafetería donde estabas trabajando al última vez que nos vimos ni siquiera sabía si aun seguías aquí.

Entre sin preámbulos a aquella cafetería y pregunte por ti, pero nadie supo quien eras parecía como si nunca hubieras trabajado ahí pero una de las personas en cargadas en la cocina había escuchado que pregunte por ti y me dijo — hace unos meses que se fue solo vino a decir que ya no iba a poder seguir trabajando, y eso fue lo que me habían dicho de ti.

Sin más que decir me di la vuelta y me fui, ahora entendía porque ya no volvimos a platicar no sabía que era de tu vida no sabía a dónde habías ido, tuve el valor de ir a casa de tu mama también había pasado mucho que no sabía de ella.

Enfrente de la puerta toque sin dar un paso atrás estaba convencido que quizás ahí estarías y pasaron aproximadamente cinco minutos cuando abrieron la puerta y ahí está tu mama se sorprendió al verme y me dijo —hola hijo como estas? —Hace tiempo que no te había visto —ven pasa, tu mama siempre tan linda me recibía de la mejor forma y estuve un buen tiempo con ella platicamos un poco de todo y me dijo que hace meses que te habías ido de casa.

Que no sabía en dónde estabas que habían pasado días que no podía dormir por lo preocupada que esta que solo habías tomado una maleta y te llevaste unas cuantas cosas que el día que te fuiste te vio subirte a una motocicleta con un sujeto, y ese había sido la última vez que te vio.

Se le notaba que estaba preocupada no sabes cuánto te extrañaba tu mama pero al parecer a ti ya no te importaba eso te fuiste con alguien que espero al menos te haya hecho feliz pero si te fuiste de esa forma no creo que haya sido un príncipe azul.

Me sentí triste por ti al saber lo que estaba pasando en tu vida solo quería despedirme pero no tuve la oportunidad de hacerlo solo quería que supieras que había sido un placer

a verte conocido y si no había sido el mejor novio te pedía una disculpa de verdad lo sentía mucho.

Y llego el día de abordar ese avión destino a España, mis pendientes los había dejado en orden, no me pude despedir de mí papa personalmente andaba de viaje, le marque un par de veces pero solo era el mensaje de voz el que contestaba así que le mande un mensaje de voz diciendo:

—Papa quería avisarte que estoy a unos minutos de abordar en el avión y no me pude despedir de ti, pero quería darte las gracias por a verme permitido estar en tu casa gracias por todo y espero volver pronto y vernos de nuevo te quiero mucho y estamos en contacto.

No sabía si lo iba a escurar por curiosidad o verdaderamente por interés pero quise avisarle porque era lo correcto a pesar de que no habíamos tenido la mejor relación era mi papa y era mi única familia.

Nunca fue el mejor y me dolía su poco interés hacia mí las charlas con el eran muy cortas y en ocasiones sin sentido mi infancia nunca fue la mejor y pocas veces estuvo cuando lo necesitaba tuve que aprender a vivir solo en el mundo, a confiar en la personas que si valían la pena las que jamás te iban a puñalear por la espalda pero le agradecía en parte por a verme traído al mundo así como a mi mama que nunca la conocí pero sabía que si hubiera estado aquí no me hubiera dejado ir.

Estaba un poco inquieto era la primera vez que había viajado en avión las personas subían como si nada tomaban su asiento asignado y seguían muy tranquilos, me había tocado el asiento pegado a la ventana podía ver los otros aviones estacionados, el clima era perfecto para tener un buen viaje sabia que hasta ese momento todo iba bien.

El avión comenzaba a despegar al principio sentí un gran vacío en mi estomago decían que era normal al elevarse así que solo cerré los ojos y espere que pasara ese momento conforme los minutos pasaban era como si estar flotando y nunca había flotado así que no podía explicar la sensación.

Ya habíamos despegado y era tan impresionante como se sentía, asome la cara por la ventana y cada detalle que tenia cielo era maravilloso estábamos volando entre las nubes, se alcanzaba a ver pequeñas cosas debajo de nosotros, iba extrañar las mejores cosas que viví en ese lugar toda mi vida la había hecho ahí pero era tiempo de salir a

crecer tomar decisiones y correr riesgos era mi momento mi vida estaba a punto de empezar una nueva etapa.

"Es tiempo de caminar por tu cuenta para que crezcas y tomes tus propias decisiones att: tu futuro"

Capitulo 13

Barcelona: el lugar de los nuevos sueños

Y pasaron unas semanas desde el día que llegue a España estábamos en Barcelona aun no podía creer que estaba ahí, la vida era totalmente diferente, los hábitos y las reglas siempre tenían que ser constantes, tenía que adaptarme lo mas antes posible.

Carlos y yo pudimos conseguir un departamento, cubría todas nuestras necesidades dos habitaciones, cocina sala y comedor eran juntas un baño y medio era cómodo y estábamos muy a gusto, en el tiempo que llevábamos ahí conocimos muchos lugares maravillosos puedo decir lugares con vistas ejemplares y muchos turistas llegaban.

Recuerdo algunos lugares por ejemplo:

El parque Guell un lugar de colores llamativos su arquitectura era autentica con muchas curvas en sus alrededores así como había animales esculpidos sin duda era un lugar perfecto para pasar un día relajado.

También estaba una de las calles más visitadas por turistas las ramblas aproximadamente era un kilometro en que podías encontrar a sus alrededores demasiados turistas paseando con cámaras y toda clase de artefactos en mano los mimos eran todo un espectáculo realizando todo tipo de imitaciones que se les viniera en mente, estaba respirando nuevo aire mi estancia hasta ese momento era increíble y sabia que había mucho mas por conocer.

Debíamos adaptarnos un poco más al estilo de vida de Barcelona para que en los siguientes días saliéramos con toda la actitud a salir a buscar trabajo.

Tenía muchas esperanzas que encontraría algo bueno, el cv hablaba un poco de mi experiencia laboral quizás eran pocas pero los conocimientos ahí estaban tenía que demostrar a donde fuera que era capaz de cualquier circunstancia, los tratos iban a ser diferentes porque me encontraba en otro país, era un extranjero mas mi optimismo por los cielos quería hacer las cosas bien el reto era grande pero mis ganas la superaban.

Las motivaciones salían de mi pecho, los días seguían transcurriendo y mi adaptación en España era cada día mejor ya no me perdía tan seguido como al principio, fui aprendiendo nuevos atajos para llegar más pronto al súper, y donde podía comprar el mejor café por las mañanas todo esto era una locura se estaba convirtiendo en parte de mi rutina diaria.

Estaba listo para salir por las calles y buscar ofertas de trabajo tenía que ser claro y objetivo que era lo que realmente estaba buscando.

- ¿algo relacionado con ventas?

- ¿dedicarme a ser un influencer en redes sociales?

- ¿trabajo en oficina detrás de un escritorio contestando llamadas telefónicas?

- ¿en alguna cafetería, bar o restaurante?

-¿en algo relacionado a mi carrera de comunicación?

Sé que era más que obvio tenía que ser algo relacionado a lo que había estudiado pero hasta ese momento no sabía a dónde acudir o si había oficinas para ese tipo de trabajo.

Mientras tanto Carlos ya había tenido una entrevista el estaba buscando algo relacionado a diseño grafico o algo así, fueron tres días de búsqueda y mis opciones hasta en ese momento eran.

-vendedor de artículos para limpieza

-encargado de boutique

-gerente en una pizzería

Eran cortas mis opciones la paga no era la que esperaba pero no estaba mal, pero quería algo que me llenara y me gustara hacer, así que lo tome con calma y seguí buscando no perdía la esperanza.

El día estaba por terminar aproximadamente eran las 9:00 pm y Carlos me dijo — salgamos a cenar dicen que a la vuelta hay un restaurante donde había los mejores cortes de carne, y sin dudarlo le dije — me parece bien vamos muero de hambre

Al dirigirnos al restaurante se podía ver que había personas esperando entrar entonces si era un lugar muy solicitado y bueno para pasar un rato muy agradable la espera fue aproximadamente treinta minutos el estomago me dolía tenía demasiada hambre y al fin entramos y nos dieron una mesa, comenzamos a ver qué era lo más rico pero la verdad es que todo se veía muy rico era difícil tomar una decisión yo había pedido un sirloin acompañada de espagueti a la bolognesa y para beber un clericot para acompañar.

Carlos había pedido un ribeye a término medio con una ensalada y un vino tinto para acompañar, ahora entendía porque era un lugar muy solicitado el sazón era delicioso y el trato era ejemplar fue una noche muy buena no la pasamos bien y comimos hasta quedar satisfechos.

Habíamos cumplido un mes desde el día que llegamos el acento español ya corría por mi boca, al principio no entendía ciertas palabras cuando decían algo no entendía a que se querían referir, pero conforme los días fueron pasando empezaba a comprender a lo que se referían era algo nuevo para mí y me sentía bien estaba viviendo una nueva etapa de mi vida en la que en realidad nunca pensé que hubiera pasado.

Mi búsqueda de trabajo era una misión ya sabía de lugares donde podía empezar inmediato pero no eran cosas que me llenaran necesitaba algo en lo que me hiciera crecer pero era optimista y sabía que iba a encontrar algo mejor para mí.

Por el momento mis actividades eran hacer las compras de lo que hiciera falta en el departamento, Carlos había conseguido trabajo ya había tenido muchas entrevistas pero lo consiguió y me daba gusto por el, no quería que mi productividad bajara así que me hice de un nuevo hábito leer comencé a conseguir libros y con títulos interesantes por ejemplo:

-los crímenes de los inocentes

- un viaje a la luna sin ti

- canciones de un demente

- te espero hasta que el mundo se termine

Eran títulos con gran intensidad pero era una forma de pasar el día así como seguir conociendo Barcelona en todo su resplandor.

Salí al súper por unas cuantas manzanas y huevos mi ruta era caminar unas cuantas calles así que relativamente era cerca del departamento, al llegar comencé a buscar en donde estaban las manzanas no las veía por ningún lugar, le pregunte a uno de los encargados que donde había manzanas, me contesto amablemente con su acento español - al fondo del pasillo chaval a alado donde están los huevos, con una sonrisa le dije -gracias

Hasta había tenido suerte las dos cosas que estaba buscando estaban juntas, con una sonrisa de optimismo fui hacia haya.

Estaba escogiendo las mejores manzanas que estuvieran lo mas rojo posible brillosas y con una apariencia de porcelana, pero esa chica a mi lado al parecer estaba llorando parecía que algo muy desagradable le había pasado para que estuviera así.

Me sentía mal al verla de esa manera, me acerque a ella y la salude —hola! ella sin responder se volteo y me miro tenía sus ojos irritados de tanto llorar sin duda la estaba pasando mal, al mirarme sentí una sensación linda tenía unos ojos bastante bonitos era un color azul zafiro, su cabello era como hilos de oro y su rostro parecía tallado por los mismos ángeles estaba atónito por la belleza de esta chica.

Sus palabras fueron —hola, espero no a verte incomodado con mi llanto

Y le respondí con una sonrisa — no te preocupes todos tenemos derecho de llorar es algo muy normal de los seres humanos pero espero estés bien.

Me sonrió y la chica con lindos ojos me respondió —eres muy lindo por tu atención no cualquiera se hubiera detenido a hablarle a una mujer haciendo un drama, lanzando una sonrisa le respondí —tus ojos son lindos no merecen estar tristes, así que me despedí de ella y le dije que tuviera un buen día.

Tomando las manzanas que ya había elegido y una canasta de huevos me dirigí a la caja para pagar, era mi imaginación o había sentido una pequeña conexión con aquella chica fue sin duda una experiencia linda y esperaba volverla a encontrar en el súper.

Estaba empezando a sentir cosas de nuevo, pero el objetivo no era ese tenia propósitos y objetivos antes de volverme a enamorar de alguien, tenía que poner los pies en la tierra tenía un trabajo que buscar antes de cualquier cosa, no quería pasar por un mal momento como lo tuve contigo al principio fue lindo pero el tiempo fue cambiándote hasta llegar al punto donde desapareciste sin dejar rastros.

"El corazón volvió a latir, pensaba que se había oxidado o simplemente solo le faltaba un poco de aceite"...

Capitulo 14Azul zafiro

Sabía que estaba parado en una esquina sin tener razón alguna, no pensaba que iba hacer tan difícil encontrar trabajo debía estar positivo las cosas tenían que fluir y la respuesta iba a llegar.

Mis actividades eran las mismas ya era costumbre para mi, los días lluviosos en Barcelona era como de películas plagadas de automóviles, gente por las banquetas con su paraguas y uno que otro despistado era mojado por los vehículos que pasaban muy rápido el clima era frio pero no entumía los demos de las manos y de los pies recuerdo Salí por un café, había pisado unos cuantos charcos los zapatos estaban completamente mojados la lluvia no era tan fuerte pero si constante.

La fila era larga para pedir un café y era lógico el clima meritaba una bebida caliente con la sombrilla escurriendo en la mano la deje cerca de la puerta, tarde 20 minutos aproximadamente esperando a ser atendido, al llegar al mostrador valla sorpresa que me lleve...

—la chica del súper con ojos hermosos trabajaba ahí, mi reacción fue... — trágame tierra

Pensé que olvidaría el día que nos conocimos pero no fue así, ella se acordó de mí y con una enorme sonrisa me saludo —hola, de nuevo nos encontramos una vez más correspondiendo con una sonrisa nerviosa.

La emoción corría en todo mi cuerpo, esa emoción ya la había sentido hace tiempo pero era diferente no sabía porque estaba pasándome eso las palabras salieron titubeantes frente a ella y respondí —hola, nueva mente y es un gusto volver a verte y correspondiéndole con una sonrisa también.

Me pregunto qué era lo que iba a pedir la verdad es que por el momento eso no había pensado me había sorprendido ver a esa linda chica una vez más, lo primero que se me ocurrió fue un capuchino con leche deslactosada, ella me sonrió y me dijo te lo preparo en un momento.

No paso más de dos minutos y ya estaba listo, le pregunte qué cuanto iba hacer y me respondió —la casa invita, acompañado de un guiño y una sonrisa, al darme el café me tomo de la mano y me dio un trozo de papel en el que no podía ser otra cosa mas que su número telefónico.

Las palabras no salieron de mi boca, no sabía que decirle en ese momento, solo le sonreí y le dije —gracias por el café, me di la vuelta y me fui tanta emoción no cabía en mi cuerpo no sabía cómo expresarlo la chica linda me había dado su número, no quería emocionarme había pasado por una relación en la que ni siquiera nunca termino pero debía tomar las cosas con calma y no actuar antes de pensar.

El tiempo seguía fortaleciendo mis ganas de conocerla mejor, hace unos días comencé a platicar con Elena la chica linda de ojos color zafiro por medio de whatsApp su forma de contestar cada uno de mis mensajes era diferente, muy atenta, cada línea era con interés y quería conocer más de mi.

No sabía en que terminaría todas estas charlas pero me gustaba pasar las noches platicando con ella, conociendo su vida poco a poco me platico del día que nos encontramos en el súper y porque estaba llorando su ultima relación había terminado, porque el sujeto con el que estaba la había engañado con su mejor amiga los encontró en su departamento teniendo relaciones que le había afectado mucho la situación ahora entendía porque estaba así, un patán le había roto el corazón entendía como se sentía porque también me había pasado algo muy similar.

Nuestras pláticas era cada día más constante pero en ciertos horarios ella tenía que rolar turnos en la cafetería así que entendía que no siempre podías platicar, supe que era de Barcelona desde que nació, su familia vivía igual es España pero ellos eran de Madrid el motivo de moverse de ciudad fue que quería independizarse empezar a ser cosas por su propia cuenta, que estaba estudiando periodismo y le faltaba un año para terminar, por eso tuvo que conseguir un empleo para apoyarse en sus gastos personales aun que su papa le estaba ayudando al pago de las colegiaturas de la universidad.

Sabía que las cosas iba por buen camino entre mas conocía a Elena mi ganas de saber más de ella eran más grandes creo que me estaba a empezando a enamorar.

No había sido fácil pasar el primer mes en Barcelona sin empezar hacer nada productivo pero al fin tenia empleo era una agencia de ropa para dama y caballero muy reconocida en España se llamaba " Demiann-Bianchi" era de origen italiano pero el fundador siempre vivió en Madrid de madre española y padre italiano, así que yo era el nuevo visor de tiendas me encargaba a que gran parte de las tiendas departamentales estuvieran en orden que los acomodos fueran correctos y muy bien entallados.

El trabajo no lo había conseguido gracias a Elena tenia uno de sus mejores amigos trabajando ahí y ella fue quien me recomendó y así tuve una entrevista y sin tanto rollo entre, todos los exámenes solicitados los había pasado satisfactoriamente tenía la capacidad para el puesto así que lo conseguí estaba muy a gusto en lo que hacía, me había dado tanta vergüenza que Elena supo que no tenía trabajo pero su reacción fue -no te preocupes yo te voy ayudar, se porto tan linda sin conocerme a un tanto hizo mucho por mí y a partir de ese momento se empezó a convertir en alguien importante en mi vida.

No sabía cómo pagarle el gran favor que había hecho por mí, quizás invitarla a cenar a un buen lugar, al cine o algún lugar que fuera digno para ella.

Sus horarios eran desequilibrantes, así como podía entrar muy temprano hasta salir muy tarde, y me daba un poco de pena invitarla así nada mas teníamos 15 días de conocernos y pensaba que era muy pronto invitarla a salir.

—Vaya qué más da, lo más que pudiera recibir seria un no, no pasa nada

En una de nuestras tantas platicas le pregunte así tal cual —te gustaría salir conmigo un día? Su respuesta fue inmediata y sin pensar — me encantaría

Sin duda las cosas estaban saliendo como las había planeado, ahora el tema era a donde la llevaría

—quieres ir a cenar a un lugar lindo?—le pregunte a ella

—mejor te espero en la cafetería salgo a las 9:00 y te llevare a un lugar especial— respondió Elena

—ok ahí te veo, esa hora—le conteste

— te espero—exclamo

Pensé que iba hacer más difícil de lo que pensaba yo planeando y preocupado a donde la podía llevar y ella sin tanto preámbulo me dijo que me llevaría aun un lugar especial.

Estaba nervioso solo esperaba no regarla y decir cosas sin sentido ya había pasado por esta situación pero me sentía diferente algo en mi me decía que estaba haciendo lo correcto esta vez que las cosas iban a fluir sin problema y así lo creía las cosas en mi vida estaban tomando sentido un rumbo que jamás pensé que llegara pero aquí estoy en un país diferente, con un trabajo diferente y acababa de conocer a una chica diferente.

Eran las 8:45 iba en camino a ver a Elena en la cafetería las manos me temblaban y estaba un poco nervioso, pero en mi mente iba tranquilo sabia que las cosas con ella iban bien no debía hacer algo que la cagara.

Y estaba esperándola a que terminara su turno sentado en una de las mesas frente a la ventana, veía como me miraba y me sonreía a la vez se acercaba con sus compañeras y platicaban en secreto se reían, de verdad era linda y no solo en su físico si no en todo su ser linda persona, y linda de corazón.

Se acerco a mí diciéndome:

— Estás listo?—pregunto Elena

—Si—muero de hambre

—vámonos, el lugar donde te voy a llevar esta aquí a la vuela

—Ok pensé que teníamos que tomar taxi o uber—preguntándole con duda

—jajaja no para nada está muy cerca—ella dijo riéndose

Nos dirigimos al lugar misterioso, caminado ente las calles me conto que pasaría navidad con sus papas faltaba un mes para esas fechas que cada año se reunía toda su familia era una tradición para ellos hacer un gran banquete así como concursos de baile, de canto y muchas actividades más.

Al parecer su familia era de pasarla bien, no eran aburridos les gustaba reunirse para convivir en esas fechas, me dio gusto escuchar eso yo no recuerdo haber pasado una navidad con toda mi familia, porque la familia de mi papa era muy apática no les gustaba esas fechas y la familia de mi mama nunca la conocí y sinceramente nunca hice nada para buscarlos.

Habíamos llegado al lugar donde dijo que me llevaría y vaya sorpresa...

Era un pequeño bar con pocas mesas pero con mucha gente que ese lugar era famoso por sus hamburguesas, así que entramos Elena saludaba a todos, parecía que venía muy seguido y ya era conocida en aquel bar.

Nos sentamos en la barra, el ambiente era agradable el tipo de música era muy ochentero pero al estilo español, estaba a gusto, disfrutando de una increíble compañía y quizás no era el mejor lugar para a ver ido a una primera cita si eso era pero estaba con ella y podía ver que la estaba pasando de lo mejor.

Me sonrió y dijo:

—Me dejas pedirte la mejor hamburguesa de este lugar?—me pregunto con su linda voz

Y le respondí —muero por probarla

— jajaja ok, pero estoy segura que me pedirás ayuda para terminarla

—es grande?—le pregunte

—jajajaja no, es gigante—exclamo sarcásticamente

Eran las hamburguesas mas enormes que había visto, no podía creer el tamaño tenia que poner mis dos manos para cargarla era muy pesada pero no podía negar que se veía deliciosa, Elena pidió una igual así como una orden de papas gigantes para los dos y una de las especialidades de ese pequeño bar la birra o caña como se le decía a la cerveza en España servida en tarros de barro la mantenía fría y el sabor era mejor.

Jamás había visto algo así y eso que era de México regularmente las personas que Vivian pueblos usaban mucho el barro pero jamás escuche de un tarro para cerveza solo la había probado e tarros de vidrio pero era algo nuevo para mí y tenía que averiguar cómo era el sabor, mi estomago estaba demasiado lleno ya no podía comer nada mas esa hamburguesa monstruo era todo un reto terminarla y la cerveza en tarro de barro me sorprendió el sabor cambia y siempre estuvo fría, era una idea increíble y muy buena.

El apetito de Elena era sorprendente se había terminado toda la hamburguesa y parecía que aun tenía hambre no me extrañaba ya tanto porque tú también eras así comías así en grandes cantidades y también su físico era delgada al menos en eso se parecían porque en lo demás eran totalmente diferentes.

Y la noche era joven aun las 11:47 si no mal recuerdo Elena me tomo de la mano y me saco a bailar sinceramente no era el mejor bailarín pero sabia moverme un poco al menos tenia ritmo y mas como buen mexicano tenía que hacerlo teníamos fama de buenos bailarines así que debía poner en alto mi país.

Una de las mejores noches después de hace tiempo me divertí y me la había pasado bien todo había sido bueno la comida, el ambiente y una hermosa compañía.

Salimos del bar a la 1:33 am y le pregunte a Elena si la acompañaba a casa y me dijo:

—no, ya pedí un uber es mas vámonos juntos—ella me respondió

—enserio, no tienes problema

—jajaja no para nada vámonos casi vivimos muy cerca que te pase a dejar a ti primero

—no como crees mejor tu primero para ver que llegaste bien

—de verdad no pasa nada he viajado sola en uber por años así que tranquilo—respondió con tanta seguridad

Era una mujer segura e independiente así que la primera parada fue a mi departamento al despedirme de ella me dio un brazo y me dijo:

—pasa una linda noche y surte mañana en el trabajo

—Respondiéndole le dije —gracias también ten una linda noche descansa

Me sonrió y cerró la puerta del auto, el sentimiento hacia Elena empezaba a tomar fuerza los días transcurrían y platicar con ella era un día mas de vida me sentía con nuevas ganas de enamorarme pero debía esperar el momento indicado.

Mensaje de whatsApp Elena:

—ya estoy en casa, bonita noche

Sin decirle nada ella me aviso, era diferente a ti cada cosa trataba de hacerla bien aun que en ocasiones decía que no era perfecta que su memoria era un poco mala para recordar ciertas cosas, admitía sus errores algo que tu no lo hacías tu pensabas que todos estaban en tu contra hasta tu propia mama, si hubieras sido un poquito diferente creo que hoy seguiremos juntos pero las cosas pasaron por algo y siendo sincero estoy feliz que no cambiaste más bien gracias por eso.

“Las mejores personas llegan en el momento, y lugar correcto gracias por la cena Elena”...

Capitulo 15

Te voy a extrañar para navidad

Mis días en Barcelona cada día eran mejores, empecé a conocer gente verdaderamente increíble desde el punto de espera del autobús hasta el vendedor de periódicos en la esquina, el ritmo de vida era diferente a México en España eran acelerados pero con cierto orden y en México un poco mas aventados y sin medir riesgos.

Diciembre había llegado las calles eran iluminadas por todas aquellas luces de colores, edificios plagados de adornos navideños y un gran árbol en medio del parque todo era alegre y colorido se sentía el ambiente de que ya empezaba la navidad.

Mi estancia en "Demiann-Bianchi" era increíble me gustaba lo que hacía y el tiempo me hacia un poco más hábil, era ordenado y retacado seguía reglas me comportaba tal y como tenía que hacerlo mi trabajo sabia era bueno y me hacia ser bueno, estaba comenzando la etapa de madurez y responsabilidad estaba en otro país la exigencia era mayor y los resultados tenían que ser más precisos las cosas estaban saliendo tal y como lo había planeado.

Y no podía dejar de hablar de la chica que estaba robando mi corazón la que llego así de repente sin fecha y lugar especifico, las cosas con Elena eran tranquilas pero al mismo tiempo muy directas sus palabras eran sin retorno sabía lo que quería decir pero lo hacía de la forma más cautelosa para que no lo notara, pero cada movimiento que hacía era más que obvio que quería algo mas conmigo.

Le correspondía a sus indirectas pero de la manera más inocente, salíamos más seguido caminábamos por un buen rato nos divertíamos, hicimos clic en el momento que nos conocimos y algunos cuantos reencuentros inesperados, al fin había conocido su departamento así como ella conoció el mío, platico en ocasiones con Carlos y se llevaron de maravilla parecía que todo estaba marchando bien que los momentos tenia magia a su lado, en ocasiones era tímida pero otras tantas era intima le gustaba tener momentos a solas pasaba desapercibido sin que yo lo notara los besos en el cuello la descontrolaba así como los besos en el oído tenia pasión y la intimidad era una de ellas.

Todo paso de la manera menos esperada nuestra pasión llegaba al límite de cualquier cosa el deseo mutuo era incontrolable nuestros cuerpos respiraban amor puro no había nada que nos detuviera, los días eran largos pero las horas cortas estando con ella pero cada segundo era vida para mi alma.

Llego el día que nos hicimos novios enserio, nuestra conexión fue tan profunda desde el inicio el amor había llegado una vez más a mi vida quería que las cosas con Elena fueran perfectas que hubiera secretos entre nosotros que el amor fuera fluyendo cada día más.

No podía creer que mi novia era una hermosa española, autentica y con el corazón mas grade, su amor rodeaba mi cuerpo y mi mente creo que había tomado la mejor decisión de mi vida al verme mudado a Barcelona, quizás el principio no fue como lo esperaba pero desde el momento que Elena llego a mi vida las cosas empezaron a tomar sentido, mis ojos se empezaron aclarar, mi mente miro nuevas expectativas la vida me estaba obsequiando una nueva oportunidad debía aprovecharla y hacer las cosas de la mejor forma.

Estábamos a cuatro días para navidad Elena tenía que viajar a casa de sus papas, así que yo iba estar en Barcelona mi primera navidad ahí, la última vez que hable con mi papa había sido hace un mes y no volví a saber nada de él no respondió mis mensajes solo esperaba que todo estuviera bien.

Quizás la pasaría solo tenía algunos conocidos ya pero no me sentiría a gusto estando con la familia de ellos así que decido quedarme en casa, para el día que Elena viajaría ya no pude despedirme de ella me encontraba trabajando y saldría ya algo tarde así que me mando un mensaje que decía:

—Hola cariño, espero te encuentres muy bien te mando millones de besos sabes que "TE QUIERO" me hubiera encantado que pasáramos navidad juntos pero no se pudo pero siempre hay un momento y espero sea el próximo año gracias por estar conmigo llegaste cuando menos me lo esperaba pero cuando más lo necesitaba estoy a punto de abordar el avión en cuanto aterrice te aviso vale.

Su manera de decir lo que sentía era increíble de verdad la estaba empezando amar podía ser todo menos fría y sin sentimientos estaba feliz con ella a mi lado.

Y respondí su mensaje:

—Eres la mujer más increíble del mundo conocerte fue lo mejor que me había pasado, quiero amarte hasta el fin del mundo nuestra conexión es maravillosa y sabes que Te amo y también me hubiera encanado a ver pasado la navidad juntos pero esta ocasión no se puedo pero también espero el próximo año lo estemos ten un buen viaje hermosa y en cuanto llegues avísame te mando un beso.

La iba a extrañar mucho pero entendía que era muy importante que estuviera con sus papas, las cosas que estaba viendo en ese momento era diferentes estaba convencido que era el lugar, el momento y persona correcta, quizás lo estaba tomando muy enserio pero era la verdad me sentía diferente y discúlpame si deje de hablar de ti pero es que ya no tenía tiempo de seguir haciéndolo tenia mejores cosas por qué pensar por alguien que si se intereso en mí, me respeto y me dio mi lugar y quizás esto no te hubiera importando pero en algún momento tenias que saberlo solo quería decirte que había encontrado el amor y estaba muy enamorado las cosas iban de lo mejor y hasta me atrevo a decirte que no me había acordado mas de ti.

Solo quería decírtelo era todo espero que estuvieras bien y que la vida que estuvieras viviendo fuera la que en realidad habías deseado.

Habían pasado aproximadamente 3 horas desde que se había ido Elena, hasta ese momento no sabía nada de ella el trabajo seguía en marcha sin darme cuenta unos minutos más tarde me llego un mensaje de whatsApp el numero era desconocido y ni siquiera la lada era de España o México no lo tenía registrado así que lo abrí para ver quién era.

—hola niño lindo como estas ya tenía bastante que no sabía de ti este es mi nuevo numero soy Alison

—oye que eras en navidad?

Hace tiempo que no sabía de Alison me sorprendió a hablarme de nuevo, y respondiéndole le dije:

—Hola Alison ya hace tiempo que no sabía de ti, como has estado?

—y sobre que hare en navidad pues aun no sé porque estoy trabajando y te comento que ya no vivo en México

— Hace bastante diría yo, y no inventes y eso porque a donde te fuiste?—asombrada de que ya no vivía en México

—estoy en España—le respondí en seguida

— waoo que padre, yo iba a ir a México y quería pasar navidad contigo

—la verdad es que estoy feliz y me ha ido muy bien, lo siento te falle ya no vivo haya

— Me da gusto saber que te está yendo muy bien, te parece si te veo en España?— respondió Alison

—mmm no estaría mal, pero debo decirte algo

—entonces mañana tomo un vuelo para España voy a ir con mi novio va

—a ok si me parece perfecto entonces cuando ya estés por acá me avisas para vernos

—sip te mando mensaje y que era lo que ibas a decirme?

—no, nada olvídalo—le conteste sin más que decir

Mensaje de whatsApp Elena:

—hola cariño ya voy en camino a casa de mis papas te quiero

Mensaje de whatsApp: Alison

—jajaja ok entonces estamos en contacto cuídate lindo bye...

Mensaje para Elena whatsApp:

—hola amor que bueno que ya llegaste y espero llegues pronto con tu papas te amo—le respondí

Pensé que sería mi fin después de esos mensajes de Alison tal vez pensó que aun seguía soltero pero no me esperaba de que tuviera novio ya y me daba gusto por ella, se lo merecía fue una chica linda conmigo cuando más lo necesitaba.

Pensaba que aun seguía enamorada de mí y tenía que decirle claramente lo que ya había entre Elena y yo, pero creo que las cosas no se iban a poner un poco difíciles porque Alison viene con su novio y bueno yo iba a estar solo pero tenía una relación en la que estaba bien y quería que así siguiera, debía de contarle a Elena sobre Alison no quería mentirle sobre de nada y también tenía que contarle de ti.

Creo que era tiempo de que supiera quién fuiste en mi vida pasada, y no era un sabotaje solo quiera que supiera cómo había sido mi vida antes de conocerla a ella todo lo que tuve que pasar contigo, y eso no quiere decir que te odie para nada solo que si me hiciste daño la forma de que me dejaste sin decir nada.

"Y sabia que no te ibas a mover de mi vida, llegaste para quedarte para siempre"...

Capitulo 16

Unas cuantas líneas más

Era 25 de diciembre a las 7:47 pm del año 2019 se escuchaban villancicos en las calles de Barcelona, el espíritu navideño estaba presente las personas iban y venían de sus compras para los intercambios de esa noche las tiendas departamentales eran una locura las personas se arrebatan objetos de las mano las mujeres desesperadas por comprar un par de botas, abrigos y joyerías los niños gritando y corriendo los caballeros sin más que decir esperando a que terminara esta tortura era un día para compartir amor bueno eso era lo que realmente se tenía que hacer pero eran épocas que no sabías que podía pasar.

Estaba agotado los pies me punzaban constantemente solo quería ir a casa a descansar al cabo que Carlos no estaba se había ido con su familia a México y pues al parecer Alison no llego nunca a Barcelona espere que me avisara desde temprano, quizás tuvo cambio de planes en fin en parte estuvo bien que no haya llegado sinceramente no tenía el ánimo para verla a ella y a su supuesto novio.

Había sido un día bastante pesado pero al fin estaba en casa seria una noche tranquila creo que la mayoría de los vecinos habían viajado porque no había ningún ruido alrededor esta vez no pude viajar quizás fuera para la próxima.

Recostándome en el sofá prendí el televisor para ver que podía ver recorrí los 108 canales que había y nada bueno tome el celular y vi que tenía un mensaje de Elena, decía que se la estaba pasando muy bien la mayor parte de su familia si había ido y eso fue todo sabia que se estaba divirtiendo por todo lo que acostumbraban hacer y me daba gusto le respondí con muchos emojis mandando un beso y le dije que la extraña pero que la estaba para cuando volviera y al parecer para fin de año estaría de regreso.

Fui a la cocina para ver que podía "cenar "solo encontré un paquete de tocino unos cuantos huevos y de bebida un refresco de dieta esa iba hacer la cena perfecta para un 25 de diciembre que en realidad nunca la pase bien mi familia nunca fue de prepara algo para juntarnos, quizás mi mama si le gustaba esas fechas como la extrañaba nunca supe que era pasar navidad con mi mama.

Pasaban de las once de la noche la verdad es que estaba aburrido pensé que estando aquí en navidad sería divertido pero en realidad no pensaba salir pero en realidad no iba a

encontrar nada a esta hora la mayoría de las personas estarían con su familia así que para no seguirme aburriendo me puse a ver

videos en youtube, ya se era una ridiculez pero no tenía nada más que hacer, al menos me iba a entretener un poco y que pasaran las horas para no aburrirme.

Creo que no había dormido en mi habitación amanecí en el sofá no recuerdo la hora en laque me había quedado dormido, tenía que levantarme era tarde para ir a trabajar pasaban de las 9 de la mañana, había olvidado poner el despertador.

Salí apurado y no podía llegar más tarde el taxi estaba retrasado pero al fin había llegado moría de sueño, pero debía estar ahí no podía fallar.

Habían pasado unos cuantos minutos desde que llegue ya estaba más tranquilo aun que estaba luchando contra no dormirme los ojos estaban a medio cerrar debía levantarme e ir a mojarme un poco la cara.

El agua había sido de gran ayuda me reanimo de nuevo creo que no había sido una de mis mejores noches o quizás estaba regresando ese maldito insomnio hace tiempo que ya no sufría de eso.

Mensaje de whatsApp: Elena

—hola cariño buenos días, disculpa por no a verte mando mensaje ayer me quede sin batería y no encontraba mi cargador espero te encuentres muy bien sabes que te quiero y ya te extraño.

Al ver el mensaje que me había llegado era Elena y le respondí de inmediato:

—Hola amor buen día y no te preocupes aparte era un momento con tu familia y debías pasarla con ellos así que tranquila hermosa

—también te extraño mucho y ya quiero abrasarte...

—cariño, eres lo máximo también quiero abrazarte y comerte a besos—y me respondió con agrado y

—espero te vaya súper en el trabajo y mañana estaré de regreso contigo y tengo que volver al curro (trabajo) te quiero bonito día.—respondió Elena

—eso me pone muy feliz aquí estaré para esperarte bonito día amor te amo

Puedo decir que los mensajes entre Elena y yo solo habla de amor con ella todo es claro y cuando hay un problema le gusta resolverlo en el momento que las cosas queden claras.

Amo su forma de ser su intensidad la ocupa para pasarla conmigo sabe mi debilidad así como sabe en qué momento atacar.

Mi vida estaba cambiando constantemente llegando al punto de ser mejor, y sé que lo podía ser hace mucho que no me sentía así, lleno de vida mis propósitos y deseos los estaba poniendo en marcha aun tenía muchas cosas más por hacer pero todo era un proceso debía ser paciente las cosas llegaban en su momento.

Me había quedado sin palabras para ti, creo que había pasado mucho tiempo desde el ultimo día que hablamos se me fue haciendo costumbre de hablar de ti y así lo quería mantener quizás no éramos para siempre pero en su momento para mi tú eras mi todo hubiera danto tantas cosas por ti pero él hubiera no existe, la creencia de que las personas cabían eso sin duda, eras difícil de olvidar tenias tantas cosas por la cual mi alma no podía estar en paz te metiste en mi cabeza hasta dejar rastros de locura en ella me estabas haciendo a tu modo y cómo era eso sin sentimientos.

Fuiste las ganas de vivir toda la vida pero me dejaste perdido en el desierto no te importo en donde me había quedado o si aun estaba con vida simplemente te diste la vuelta y te fuiste no tuviste compasión de mi, ahora puedo decir que gracias por dejarme así, me hiciste fuerte y que saliera con mis propios pies de ese desierto y así lo hice fui forjando nuevos comienzos nuevas ganas de vivir, mientras seguía adelante el desierto iba desapareciendo el corazón sano de tantas apuñaladas que tu le dabas, mi espalada había soltado las cargas que habías puesto si pensabas verme mal lo siento no fue así la vida me había regalado una nueva oportunidad y la tome y hoy estoy mejor que nunca.

Y si pensaste que te estaba reprochando lo siento no fue así, solo quería que supieras que pude vivir sin ti con las heridas que tu provocaste.

“Camine entre las tormentas pero ninguna pudo derribarme porque mi fuerza era más grande que mi miedo”...

Capitulo 17

Besos de color pasión

Hace dos días que había regresado Elena, todo había vuelto casi a la normalidad calles con tráfico, personas esperando el autobús oficinas con un sin fin de gente así como también yo seguía con el mismo ritmo para mí no hubo vacaciones porque llevaba unos cuantos meses de a ver entrado y era más que lógico tenía que cubrir cierto tiempo para que así fuera.

El noticiero había anunciado que habría fuertes lluvias, en los próximos días era muy raro en esa época el año estaba a nada de terminar y el clima iba a cerrar con broche de oro ese 2019.

La temperatura comenzó a bajar era un terror salir de casa, el clima empeoraba cada día mas ya no era suficiente una chamarra y un par de guantes Elena me había dicho que la cantidad que llegaba de personas a la cafetería era inmensa no había minuto que pararan, y era lógica básica las personas se iba a tomar un café que no era mentira pero en cierta forma se iban a refugiar ahí la temperatura era cálida por las maquinas que utilizaban para la preparación del café.

Las horas transcurrían y solo pensaba en ir a casa pero había recordado que tenía que pasar por Elena e irnos juntos, me había dicho que hiciéramos unas cuantas comprar porque ella prepararía la cena de fin de año en su departamento y solo estaríamos nosotros dos, teníamos planes de haber salido pero el clima no estaba a favor de nadie así que íbamos a recibir el 2020 en su departamento.

Nuestro recorrido había durado aproximadamente 3 horas, las compras de una mujer era eternas había dicho que la cena seria sorpresa que solo llegara puntual y todo iba a estar listo, había comprado un lindo vestido color rojo para la ocasión aun que en realidad solo íbamos a estar nosotros dos, así como me había obsequiado ese lindo reloj de mano pareciera que era muy costoso pero a ella no le importaba eso lo hacía con mucho amor.

Mis últimos fines de año nunca tuvieron un propósito como tal quizás un par de ellos la pasaba con algunos compañeros de la universidad, mi papa no era muy grato a esas fechas así que se iba a dormir muy temprano siempre fue así desde que tengo memoria nunca supe que era pasar navidad y año nuevo con la familia porque nunca la tuve mi papa estaba ahí pero era como si no, de verdad extrañaba tanto a mama aun que no tuve el placer de conocerla ella hubiera amado esas fechas.

Pero ese año iba hacer diferente el amor verdadero había llegado a mi vida, estaba feliz porque sabía que Elena era la mujer que mi vida necesitaba, me hacía sentir amando su forma de ser conmigo detenía el tiempo todo era paz la vida me estaba abrazando era una nueva oportunidad para ser feliz y quería que así fuera el resto de mi vida, nunca pensé que llegaría hasta este punto en el que las cosas pueden salir bien si tu dabas lo mejor de ti, porque la vida tiene misterios y no sabes a qué punto puedes llegar.

El día había llegado unas horas más y él año terminaba, estaba por entrar una nueva década, nuevos propósitos, nuevas metas, quería cerrar el año de la mejor forma y así iba hacer, tenía a mi lado a una gran mujer, mi trabajo era fantástico había conocido a personas increíbles estaba en el punto correcto y quería que las cosas siguieran así.

Estaba ansioso de que era lo que había preparado Elena, al llegar al departamento y esperando en la puerta.

—Se abrió la puerta

— Bienvenido cariño, —pasa— dijo Elena

—waoo te vez muy hermosa amor—estaba sorprendido como se veía

— Enserio, —me quise ver bien para ti—ella exclamo con una sonrisa

—Ese vestido se te ve increíble, — el color tus ojos resaltan mas

—Muchas gracias—me sonrió y contesto —también te vez muy guapo

—quería verme bien para ti—le respondí sin titubeo

Era el hombre más afortunado del mundo tenía a la mejor novia no podía terminar todo el día de tantos cumplidos que le pudiera haber dicho pero aun así lo haría porque se lo merecía tenía tantas cualidades que era muy difícil escoger solo una.

Decidimos cenar un poco antes moríamos de hambre los dos, no sabía que también cocinaba Elena pero fue una cena deliciosa, preparo un enorme pavo, ensalada y para acompañar un vino tinto, era un momento sin palabras estaba feliz los minutos con ella eran un día mas de vida para mi supo cómo llegar a mi corazón y comenzó a cuidarlo , lo abrazo y le dio mucho amor sin duda era feliz, llego hacer lo que tú no pudiste cuidar mi corazón pensaste que habías dado todo cuando en cambio no diste nada, tu ausencia me estaba haciendo bien crecí y aprendí a que el amor no debe de mendingarse.

La lluvia había cesado era contante y muy fuerte eso ya lo esperábamos pero aun con todo eso Elena no perdió su elegancia, quería terminar el amo muy guapa y eso lo agradecieron mis ojos, entre tantas carcajadas faltaban diez minutos para recibir el 2020 y no podían faltar las 12 uvas, era una tradición que en varias partes del mundo se hacía así que ya estaban listas, el conteo acababa de comenzar.

10....

9....

8...

7....

6....

5....

4....

3...

2...

1...

FELIZ AÑO NUEVO.... 2020

Mis deseos al comer las uvas ya eran más que claros ya los había definido antes de llegar a España, y unos cuantos de ellos ya se habían cumplido este año nuevo tenía que seguir buscando mis objetivos que me había propuesto.

El abrazo mas cálido y sincero fue el que me había dado Elena esa noche, estaba llorando pero esas lagrimas eran de felicidad la abrace muy fuerte y le dije que todo estaba bien yo estaba aquí para cuidarla y demostrarle el amor que me hacía sentir cuando estaba a su lado, ella me miro

— Y ella dijo —te quiero como no te imaginas

Me sonrió y puso su cabeza en mi pecho

Su amor era incondicional sus palabras me hacían sentir bien había encontrado a la mujer correcta sus caricias eran sinceras se había convertido parte de mi vida.

La noche estaba empezando apenas para nosotros, cantamos y bailamos hasta no poder mas reíamos de cualquier estupidez fue una noche inolvidable y estaba recibiendo el año con una maravillosa mujer a mi lado.

Las cosas fueron tomando seriedad arrojados en el sofá ella comenzó a besar mi cuello lentamente sabia cual era mi punto débil, desabrochando botón por botón de la camisa los besos llegaron hasta mi abdomen y paro ahí.

Para seguir un poco más abajo, el pantalón ya estaba tirado en el piso las cosas fueron calentándose más con los minutos pero era mi turno besando su cuello por detrás y recogiendo su cabello, sabía que le estaba gustando sus quejidos lo decían todo, llegando a la parte del cierre del vestido lo fui deslizando poco a poco la música en ese momento era lenta para la ocasión, mis labios tocaban su espalda hasta llegar un poco más abajo fui quitando con delicadeza el vestido mis ganas de estar con ella estaban sin límite, nos abrazamos con los cuerpos desnudos y comenzamos a tener relaciones intimas la pasión fue incrementando a cada segundo, el deseo era mutuo nuestra piel sudaba sin detenerse, ella lo estaba disfrutando así como yo me hacia mas adicto a su cuerpo se mordía el labio sin parar, las marcas de sus uñas quedaron en mi espalada nuestra pasión era todo nuestros cuerpos se habían unido así como nuestra alma.

"Tu pasión me hacía perder la cabeza, eras bella por dentro como lo eras por fuera el calor de las emociones nos llevaron al rincón del deseo"...

Capitulo 18
Sorpresas de la vida

Era un nuevo año, las creencias de cumplir cada objetivo eran cada vez más claras creo que estaba en el punto de madurez, mi trabajo era cada día mejor me estaba esforzando para tener un puesto de jefatura sabía que era un proceso pero estaba intentando en algún momento iba a llegar.

Mi amor por Elena era solido y transparente sabia que las cosas con ella estaban marchando de lo mejor, éramos aventureros nos gustaba descubrir nuevos lugares paseábamos por las calles de Barcelona, las platicas eran profundas y con mucho sentido me tomaba de la mano sin miedo a nada, me abrazaba sin sentido alguno besaba mis mejillas como si fuera adicta a ellas.

Su corazón estaba lleno de amor, y lo demostraba no le importo de donde venia y como era mi vida antes de conocerla le había contado de Alison y de ti y supo la manera como me habías dejado, pero eso no quito el interés que tenia hacia mí nunca uso una mala palabra hacia ti al contrario pensaba que estabas pasando por un mal momento y esa era tu manera de sacar tu enojo aun que los de tu alrededor no te hubieran hecho nada, ahora entiendes porque era mejor que tu por el simple hecho de que ella contuvo su ira hacia los demás, todos hemos cometido errores unos más graves que otros pero eso no quita se intentar ser mejor alegrar al menos con una sonrisa, la humanidad puede ser cruel en ocasiones , pero no todos hacen lo mismo solo es cuestión de saber escoger a las personas correctas.

Pero quizás eso a ti no te hubiera importando, pero era una oportunidad para sobrevivir al sistema en que las personas creen que la arrogancia los iba hacer diferentes o el “no me importa lo que digan así soy y así me voy a morir” confían en su mentalidad mediocre hasta llegar al punto de tropezarse con su mismo ego.

El rumbo de mi vida iba por buen camino, sinceramente no estaba dispuesto a volver a caer en tu manipulación aun que el tiempo había pasado seguías en ocasiones rondando cada detalle de mis palabras o de mis pensamientos tenias que largarte y no volver nunca más.

Mis pensamientos eran libres de todo el mal que llegaste hacer en mi vida no sabía que había sido de tu vida, y estaba bien creo que los dos estuvimos de acuerdo con eso y cada quien había tomado su camino.

Se acercaba mi cumpleaños y Elena me había dicho que era lo que quería de regalo la verdad es que no necesitaba nada, pero su intención era más grande que mi propia emoción sorpréndeme—le dije con entusiasmó

Con su cara que estaba planeando algo me dijo todo, sabía que si lo iba hacer me sorprendería con algo autentico su silencio era perturbador era misteriosa solo la veía haciendo llamadas y en ocasiones un poco alterada me preguntaba que estaba haciendo porque tan misteriosa estaba días antes de mi cumpleaños.

Le había contado tantas cosas de mis gustos en lo personal y que era lo que me hubiera gustado tener en algún momento y lo que nunca tuve en un obsequio de cumpleaños.

La incertidumbre me estaba acabando al fin llego el día de mi cumpleaños era un jueves a las 8:33am tenía que levantarme para ir a trabajar así que me prepare y hasta ese momento el celular sin mensajes lo tome sin importancia quizás más tarde alguien se acuerde de mi, llego el momento para salir al trabajo y tenía un mensaje de whatsApp

—Buenos días al novio más guapo del mundo solo quería desearte un feliz cumpleaños y que todos tus propósitos se cumplan sabes que te amo y eres lo mejor que me ha pasado—escribió Elena

—Una cosa más, hoy te doy el día libre no iras a trabajar todo está bajo control en eso así que paso por ti en cinco minutos, te quiero.

Sabía que iba hacer ella, sabía que había planeado algo para mí el resto de la semana hasta incluso no se que haya hecho para que digiera que no había problema si faltaba a trabajar estaba loca pero de verdad era muy pero muy linda.

Estaba ansioso por saber que había hecho al ver lo que había planeado me dejo sin palabras…

Estaba ahí afuera del departamento con globos de helio de todo tipo, un cartel gigante que decía "feliz cumpleaños al novio más guapo del mundo" me llevo flores y una caja de chocolates y para darle el mejor toque a esta hermosa sorpresa había traído una grabadora con una hermosa canción de amor española del cantante Pablo Alboran estaba a todo volumen no importándole nada, me miraba y sonreía nunca le dio miedo a ter pena sabia que lo estaba haciendo con amor, nunca había tenido una sorpresa así me sentía como niño simplemente estaba feliz Elena me hacia feliz.

No dude y corrí hacia ella la abrace y comencé a llorar y ella lloro conmigo le dije que no sabía cómo agradecerle todo esto tan lindo que había hecho por mí,

—No tienes nada que agradecer —dijo Elena—te mereces esto y más porque eres muy especial para mí y quiero que en este día y en todos los demás nunca olvides que te amo y que cualquier cosa haría por ti.

Sus palabras eran sinceras su amor por mi era autentico no sabía cómo explicarlo porque era más que claro que lo nuestro era bueno y los sentimientos eran sinceros sobre cualquier cosa.

— espero te haya gustado una de tus sorpresas cariño a un faltan dos mas—exclamo ella

— la segunda es que quería saber si te gustaría irte a vivir conmigo

— y la tercera es que si aceptas que vivamos juntos un nuevo integrante llega a vivir con nosotros.

No esperaba que me digiera que me fuera a vivir con ella, eso sí fue una verdadera sorpresa y sobre el nuevo integrante quizás tenía una idea de que podía ser, sus sorpresas habían sido maravillosas amaba a esa mujer como no te imaginas creo que el puesto ya te lo habían arrebatado hace tiempo.

—de verdad gracias mi amor me encanto todo y sobre la canción no tengo palabas amor solo te puedo decir eres la mejor novia del mundo. —le dije a Elena

—y sobre las otras dos sorpresas si quiero vivir contigo y muero por ansias de conocer al nuevo integrante

Le había contado que hace unos días Carlos se tuvo que regresar a México por asuntos familiares y pues era muy difícil resolverlos desde España así que se fue, y tenía que pagar la renta yo solo y por eso fue que me dijo que me fuera con ella.

— entonces mañana hacemos mudanza y te cambias porque hoy quiero consentirte y que te la pases muy bien cariño. — contesto ella

La vida me había regalado una cosa tan bella que se llama felicidad y estaba feliz de estar con ella.

Capitulo 19

RINGO

Hace un par de semanas que pasaron y ya vivíamos juntos, todo iba tan rápido pero las cosas fueron tomando forma nuestra relación quizás no era perfecta pero sabíamos solucionar cualquier problema que se presentara.

Y nuestro nuevo integrante era un cachorro dálmata y por nombre le pusimos Ringo era un poco inquieto al principio mordía todo lo que estuviera enfrente a su alcance, en ocasiones salíamos al parque a pasearlo los niños se acercaban acariciarlo era muy juguetón y divertido.

Solía levantarme a las 3 de la mañana para que lo sacara hacer sus necesidades hasta eso siempre fue puntual, creo que la historia de Ringo fue creciendo sus hábitos su manera de mirarme cuando yo me sentía mal estaba ahí acostado a lado mío como si me estuviera protegiendo era mi mejor compañía cuando Elena no estaba, me hacía reír no había duda que los perros son el mejor amigo del hombre, su compañía me hacia bien fui viendo como crecía, el espacio del departamento ya era pequeño para el pero se sentía cómodo.

Su lugar favorito era aun lado del sofá donde la luz de sol pegaba la mayor parte del día tenia cantidad de juguetes que le habíamos comprado pero su favorito era la hamburguesa de plástico que sonaba, no podía estar sin ese juguete era muy cauteloso a la hora de jugar con el sabia donde esconderlo para que nadie lo tomara.

Con aquel elegante collar color rojo se veía elegante y con mucho porte pero siempre fue muy juguetón sabia la hora en que llegaríamos de trabajar Elena y yo esperándonos en la puerta horas al momento de abrir y comenzara a saltar alrededor de nosotros.

Podría seguir contando sobre la vida de Ringo pero son tantas cosas que nunca terminaría vivió tantas experiencias con nosotros que cada una fue tan especial como lo fue para mí era un perro peculiar su amor era incondicional sobre cualquier cosa, verlo crecer cada día era inolvidable, sin duda Ringo cambio una parte de mi vida que siempre se quedara en un buen recuerdo.

Los planes que Elena y yo teníamos cada día eran más concretos, coincidimos con amigos en común de ambos trabajos salimos a convivir con ellos no la pasábamos bien, esas pequeñas reuniones que duraban más de ocho horas y las salidas a los karaokes que siempre cantaban la misma canción era divertido nuestra vida juntos fue tomando sentido las cosas eran más claras sabíamos lo que queríamos y estábamos listo para asumir el siguiente paso.

Nuestros planes estaban listos para ser ejecutados pero debíamos hacer las cosas en orden y sin prisa eran tantas cosas las que queríamos hacer que decidimos ponernos un objetivo y cumplirlo.

Uno de los planes era viajar por varias partes del mundo, conocer nuevos países disfrutar de su cultura y compartir momentos juntos.

Parecía que fuera ayer desde el día que había llegado a Barcelona pero la realidad es que llevaba bastante tiempo ahí, nunca me había imaginado hasta que punto iba a llegar o simplemente no iba aguantar estar lejos de mi país, pero no fue así tuve la creencia que iba hacer algo que jamás me iba a imaginar, crecería personalmente y desarrollaría nuevas habilidades, la vida me sorprendió me dio una palmada en la espalda y me dijo: -vas en buen camino.

Había conocido a una gran mujer, fue mi apoyo sobre cualquier cosa siempre estuvo en mis peores momentos ella me levantaba cada vez que me tambaleaba y quería tirar la toalla y cuando tomaba nuevas decisiones estaba ahí para apoyarlas aun que en ocasiones no estuviera del todo de acuerdo.

Nuestras locuras solo las entendíamos nosotros sabíamos el punto hasta donde llegar pero aun así lo hacíamos porque el amor que sentíamos era total química, sabíamos cuando uno o el otro estaba molesto por algo que los reclamos en ocasiones eran justificados pero al mismo tiempo con razonamiento.

Su amor no tenia limites demostraba lo que sentía era transparente nunca se guardo nada nuestra relación iba siendo cada día mas fuerte, habíamos pasado tantas cosas que sabíamos si las volviéramos a repetir serian increíbles.

Los tiempos libre los disfrutábamos con una buena película o serie en netflix o salíamos a conocer un nuevo lugar nunca tuvimos inconformidad sobre nada, el acuerdo siempre fue equitativo y respetábamos eso, a lo largo de los meses nuestra creencia de comprometernos cada vez era más seria pero sabíamos que aun había muchas cosa por hacer antes de llegar al matrimonio, y así fue sé que una persona jamás se termina de conocer y aun estando casados pero nosotros quisimos llegar al fondo conocer hasta el más mínimo lunar en la espalada sabia que estábamos haciendo lo correcto no

necesitábamos en ese momento amarrarnos hasta que la muerte nos separara si no antes amar nuestro momento las cosas iban a fluir por si solas en el momento indicado.

Recuerdo el día que me dijo que su abuelo había sido el fundador de "Demiann-Bianchi" pero hace algunos años que había fallecido y el cargo lo había tomado su papa las cosas al principio fueron san sorpresivas para mí no me esperaba nada de eso, Elena me había conseguid trabajo en la compañía de su familia si saberlo, y había entendido porque mi ingreso fue fácil porque ella le había pedido a su papa que me diera la oportunidad.

Hasta que punto había llegado de que el papa de mi novia me había dado trabajo y hasta ese punto todo comenzó a tener sentido.

Siempre me pregunte teniendo todo ese imperio que su familia tenía ella no quería ser parte de nada, sus razones fueron que quería crear su propia compañía su papa le ayudaba con los gastos de la universidad y el departamento ella trabajaba en la cafetería para sustentar sus necesidades aun teniendo el poder de ir con su papa y pedirle dinero nunca lo hizo siempre busco la forma de cómo solucionar sus problemas eso la hacía una mujer independiente y muy capaz sobre cualquier cosa.

Sabía que ella era la indicada tenía muy claro a donde quería llegar y las cosas que por su propia cuentas las quería hacer amaba ese valor y el amor que le ponía a todo lo que estaba haciendo admiraba su valentía las ganas de ser mejor cada día que no necesitaba el dinero de su familia para ser grande y con éxito.

Algo que tu jamás llegaste hacer, no tuviste un camino definido tus creencias fueron menos que tus sueños tenias tanto por dar pero decidiste tirarlo a la basura a si como lo hiciste con tu vida, quería que fueras diferente que tu hambre por haber sido mejor hubieran llegado en un punto de tu vida pero creo que jamás decidiste ir a buscarlo y te quedaste sin nada que ofrecer.

"Es de valientes correr riesgos salir a la batalla y luchar aun que te hayan herido siempre serás recordado como un héroe"...

Capitulo 20

El rey había caído

Y estas habían sido las últimas palabras del rey caído:

Hola hijo espero te encuentres bien, solo quería pedirte perdón por los años horribles que te hice pasar, se que nunca fui el mejor papa y tu merecías uno que te amara y te digiera lo orgulloso que estaba de ti, nunca me di cuenta lo especial que eras a pesar de que no pase mucho tiempo contigo fuiste un buen hijo.

Nunca estuviste en malos pasos eras recto y de muy buenos sentimientos, tu mama hubiera estado muy orgullosa de ti, porque te habías convertido en un hombre maravilloso sé que mis palabras ya no tienen valor que me gane tu desprecio y eso estoy consciente que lo merecía.

Te amo y discúlpame por no a ver estado en tus momentos de tristeza solo quería pedirte una disculpa por qué tal vez no te vuelva a ver nunca más, y no quiero que llores o vengas a verme porque no merezco tu amor te hice tanto daño que estoy pagando mi condena.

Solo te deseo lo mejor campeón se que todo lo que te propongas lo vas a cumplir porque eres un guerrero y siempre lo serás.

Te mando un fuerte abrazo, mi pequeño gigante.

Mi viejo había muerto, estas habían sido sus últimas palabras horas después de morir paso el tiempo y nunca me había dicho nada de que estaba enfermo, no podía expresar un dolor porque no lo sentía sabia que lo correcto era llorar y ponerme mal pero mi papa nunca me hizo sentir ese amor hacia él.

Y no es que fuera indiferente por lo que le había pasado si no que jamás sentí que era tener un amor de papa él nunca lo demostró, pocas fueron las charlas que habíamos tenido, tu tiempo siempre fue más importante no recuerdo un desayuno con él nunca estaba en casa parte de su trabajo era viajar, casi nunca lo veía me siento triste de la forma como murió pero estoy tranquilo porque se dio cuenta que había sido un mal papa que su mejor tiempo fue su trabajo, y claro que lo perdone aun que no estuve en el momento que falleció era mi papa eso no lo puedo negar lo respete sobre todas las cosas nunca hubo una mala palabra hacia él, y siempre iba a estar agradecido por a ver sido parte de darme la vida sin él no estuviera aquí, nunca tuve resentimiento hacia el al contrario le daba las gracias el hizo que me hiera fuerte e independiente.

Le había platicado a Elena sobre el fallecimiento de mi papa, y ella se puso triste cuando en realidad el que tenía que estar así era yo.

Me abrazo y decía que lo sentía mucho que tenía que ir a México para tu entierro y ella me acompañaría le dije que no que las últimas palabras de mi papa eran que no quería que fuera a ver lo e iba a respetar su decisión, ella se molesto un poco conmigo pero apoyaba mi decisión, sabía que era mi única familia le había contado sobre mama que nunca la conocí porque había fallecido en el parto sin duda era mi apoyo sobre cualquier cosa ella entendía mis momentos malos y se sentaba a mi lado y me abrazaba demostrándome su apoyo y su amor infinito.

Sabía que la vida daba giros de sorpresa, que el tiempo era irrelevante para todos nuestra vida era prestada y no sabíamos el momento en que nos fuéramos de este mundo teníamos que aprender a vivir de la mejor forma, disfrutar los días con las personas que nos amaban , sonreírle a la vida sin excusas.

Tenía que seguir con mi vida, había sido una fuerte noticia pero estaba tranquilo porque sus últimas palabras me hicieron fuerte quizás no las escuche de su boca pero las había escrito con el corazón.

Habían pasado unos días desde la muerte mi papa, aun estaba un poco desubicado pero las cosas iban mejorando estaba tranquilo y con muchas cosas que hacer, salía del trabajo y paseaba a Ringo por el parque mientras Elena preparaba la cena, salía a despejar un poco mi mente y guarda todos aquellos malos días que pase, quería guardarlos en un cofre y tirarlos en el fondo del mar.

En la vida no se podía tener todo al mimo tiempo siempre habría algo que fallara pero era el ciclo de la vida todos en algún momento pasamos por situaciones así, nos caemos nos levantamos era el protocolo que tenía que seguir cualquier persona que quisiera salir del hoyo las ganas y la motivación de vivir un día mas, era lo que inspiraba a las personas sin saber si volverían a caer en cualquier momento.

Mi vida era tal y como la quería, estaba feliz con lo que tenia era estable y con mucho amor, mi infancia no había la mejor sufrí mucho pero todo valió la pena cada lagrima que salió de mis ojos ahora las vivo con felicidad el proceso había sido doloroso pero las recompensas fueron maravillosas.

“Quizás el amor no es un requisito para todos pero siempre será esencial para cualquiera”...

Capitulo 21

Como en los viajes de Gulliver

Estaba convencido que lo nuestro era mejor que un cuento de hadas las palabras eran sinceras, no había titubeos y excusas sin razón, tenias muchas cualidades pero la que sobre salía era tu forma de amar.

Amabas los detalles las cosas inesperadas nunca fuiste posesiva por nada ni por nadie sabias levantarte en tus peores caídas eras intensa pero al mismo tiempo tierna tenias tanto amor hasta podías regalar a todo el mundo, era afortunado a verte conocido, compartimos momentos inolvidables fuimos cómplices de cada una de nuestras escapadas sin rumbo fuimos hechos para estar juntos.

Cada amanecer a tu lado era un día mas de vida, el brillo de tus ojos me decía que eras feliz que yo te hacia feliz, tu sonrisa espontanea y esa forma tan tuya de vivir la vida habías cambiado el color de mis paredes cuando más les hacía falta un nuevo color, llegaste sin esperarte sabias mi pasado y no te importo y decidiste quedarte.

Tu calor me hacia bien, me hacía sentirme completo y sin miedo tus brazos rodearon mi corazón y decidiste cuidarlo, me dijiste que no eras perfecta como lo pensaba que tus defectos iban más allá de la circunstancia que eras imperfecta pero hacías lo mejor para regalar una nueva sonrisa, eras honesta y al mismo tiempo perfecta, tuve que viajar al otro lado del mundo para conocerte que las cosas seria espontaneas, que las palabras se habían convertido en poemas y que las miradas en un te amo.

Fuiste el regalo de la vida, mi nueva vida te convertiste en los deseos de mi corazón te creí que estarías conmigo en las buenas y en la malas y cumpliste tu palabra fuiste responsable de tus actos, y sé que estas palabras no son nada a comparación de todo lo que siento por ti, quiero vivir mi día a día a tu lado que el tiempo se detenga para abrazarte y quedarme ahí para siempre.

Estoy convencido que lo nuestro es amor de verdad y quiero que siga así caminar contigo hasta el fin del mundo, pero debo ser realista no todo es para siempre pero el tiempo que permanezca contigo quiero hacerlo con el corazón en la mano fuiste y serás la luz al final del túnel te amo sin límites porque el infinito ya estaba muy ocupados por otros.

Y las palabras las había dicho mi corazón era todo eso y más por lo que sentía por Elena llegamos al punto donde no hubo secretos entre nosotros las cosas se decían tal y como eran eso nos llevo a la confianza absoluta y un respeto digno a una buena relación.

Hace un tiempo habíamos planeado un viaje en el que consistía conocer varias partes del mundo, y así fue tuvimos la fortuna de poder hacerlo conocimos lugares que solo se escuchaban en historias y en aquellos libros de fantasía.

Estuvimos en:

- Indonesia

-Kiev

-Transylvania

-Groenlandia

-Katmandú

Había sido uno de los mejores momentos que había vivido todos esos paisajes, me sentía como Gulliver sin saber que iría a pasar en esa aventura conocimos lugares inesperados la mayor parte de sus historias de tras de cada lugar era mágico y Elena me dijo que quería conocer México porque nunca había ido y fue ahí cuando fuimos a Cancún una de las playas más reconocidas a nivel mundial cada año era visitada por turistas de todo el mundo, sinceramente ni yo conocía Cancún toda mi vida viví en México y ni una sola vez visite ese extravagante lugar.

Los recuerdos seguían creciendo así como las experiencias juntos nunca me había imaginado conocer ciertos lugares en los que siempre escuche cosas siniestras pero solo era rumores las experiencias son parte de la vida, siempre va a ver riegos pero salir a conocer al mundo no se hace todos los días.

Nuestros planes iban más allá de cualquier cosa, cada día iban siendo más grandes y el tiempo lo decía todo, nuestra relación había tomado otro nivel ya queríamos que cada paso que diéramos fuera con más claridad que las circunstancias serian factor pero no impedimento para seguir fortaleciendo la relación lo nuestro ya era costumbre pero si nada que la perjudicara, Elena se había convertido en mi pareja idónea estaba convencido que mis mejores días los había vivido con ella.

Quizás te dolió todo esto que decía pero era la verdad estaba feliz con ella lamento mucho ser honesto pero creo que había encontrado lo que tu jamás me pudiste dar, y no había resentimiento solo que las cosas como eran fui feliz pero no fuiste tú la razón.

Tenían tantas cosas por contarte de ella pero la verdad es que me las guarde para mi eran mis recuerdos más profundos y sin duda los mejores, no sabía cómo era tu vida a que te dedicabas o quizás ya habías encontrado al amor de tu vida.

Pero la verdad es que no tenía tiempo para pensar en eso mi vida era fortalecida y la vivía al máximo y quería que siguiera así.

Mis fortalezas se habían hecho inquebrantables tenía el mejor trabajo, la mejor novia y sobre todo la mejor vida.

Habías sido parte de mi vida pero te quedaste a mitad del camino nuestros rumbos cambiaron sin razón de ser me dolió tanto como te habías desecho de mi, mis creencias me habían llevado a la ignorancia del amor pero tú le habías tirado un cerillo para que ardiera en llamas, y pensaste que era todo para mí pero lamento decirte que supe apagarlo, y había llegado alguien para curarlo y la cicatrización había sido rápida fuiste cruel pero eso no impido a levantarme con nuevas fuerzas.

“El destino nos llevo al punto donde éramos inmortales, el dolor del mundo nos hizo fuertes y aprendimos hacer inquebrantables”...

Capitulo 22

Y estabas pisando fondo

Nuestras experiencias habían sido inolvidables, los viajes las escapadas sin planear estábamos llenos de cosas buenas, nos sentíamos conectados pero era tiempo de volver a casa habían muchas cosas pendientes que se habían quedado así que nuestra aventura había terminado por el momento pero aun nos aguardaban cosas nuevas.

La vida cotidiana estaba de regreso pero estábamos tranquilos y relajados Ringo se había quedado en una guardería de perros al parecer se había portado bien porque no hubo queja de los encargados del lugar.

Elena seguía trabajando en la cafetería estaba a poco de graduarse de la universidad que era algo bueno para ella, sabía que mi apoyo era incondicional sobre cualquier cosa y estaba muy orgulloso de ella sin duda iba hacer la mejor periodista de España y del mundo amaba su esfuerzo y entrega que ponía todos los días se levantaba a las seis de la mañana para ir a la universidad y salía para ir al trabajo era una guerrera sabía lo que quería y se esforzaba con tanta dedicación.

Sus desvelos eran contantes por tantos proyectos que tenia pero era de costumbre que preparaba la cafetera y con eso decía que tenía que resistir toda la noche en ocasiones se quedaba dormida en la mesa, su respiración era de cansancio pero no le gustaba que la despertara porque sabía que se enojaría y me reclamaría porque no la despertaba.

Admiraba como se entregaba por todo lo que hacía era apasionada y siempre quería que las cosas salieran bien, su manera de ser era lo que me motivaba a salir todas las mañanas de la cama e ir con la mejor actitud.

Decía que descansar solo lo hacían los que ya habían muerto que las personas vivas tenían que ser proactivas y dar lo mejor de sí mismo me inyectaba de su energía hasta incluso nos metimos a un gimnasio para entrenar que nuestra energía fuera recargada que no había tiempo para desperdiciar.

Estaba llena de tantas cosas buenas su ritmo de vida era acelerado era mi motor para llegar a cosas grandes me hacia fuerte y al mismo tiempo activo.

Amaba cada parte de su ser era un generador de emociones, extrovertida y sobresaliente esa eran sus palabras favoritas no había limites para ella sin duda era una "wonder woman"

Los días iban tan igual como siempre con las actividades que acostumbraba hacer pero algo no estaba bien me sentía un poco raro pero la verdad es que no le di importancia quizás estaba cansado y quería ir recostarme ya.

Pero tenía un mensaje de whatsApp era de tu mama se me hizo raro recibir un mensaje de su parte hace tiempo que no sabía nada de ella.

Así que lo abrí para saber que había pasado y el mensaje decía:

—hola hijo espero te encuentres bien, pase a tu casa pero no salió nadie y recordé que tú en una ocasión me habías apuntado tu numero en una servilleta quería decirte que Amanda está muy grave en el hospital, tuvo una sobredosis y no ha respondido a ningún medicamento lleva inconsciente dos días

—y me dijo que quería verte, que era muy importante crees poder venir?—pregunto la señora

Estaba sorprendido por lo que tu mama estaba diciendo, nunca pensé que ibas a caer en drogas estabas al borde de la muerte, no sabía para querías verme si hace tiempo que no querías saber de mi.

—hola señora me da gusto volver a saber de usted, estoy sin palabras después de esto que me dijo nunca pensé que fuera a caer en cosas así—estaba sorprendido

—lamento mucho por lo que está pasando sé que es un golpe fuerte y sabe que cuanta conmigo, y ahora vivo en España hace un tiempo ya pero hare todo lo posible para ir

—gracias hijo, espero puedas venir porque ella te necesita.

Estabas tocado fondo si creías que las drogas iban hacer un escape sin riesgos estabas equivocada, llego el punto que te ahogaste en tu propio dolor, no sabía si ibas a salir de esta esperaba que si porque no quería que tu mama sufriera por tus malas decisiones lo tuviste todo y lo arrojaste a la basura.

No sabía si realmente quería verte de nuevo, era como si el tiempo hubiera retrocedido hasta llegar al punto de la primera vez que nos vimos, tenía que decirle a Elena lo que estaba ocurriendo, no sabía cómo lo iba a tomar cual sería su reacción al saber que estabas muriendo, quizás diría que lo merecías pero ella no era de resentimientos decía que" las cosas caen sobre su propio peso" y tú estabas cargando tu propio ataúd

Mis palabras fueron directas y le había dicho por la situación que estabas pasando ella se quedo unos minutos en silencio y me dijo que estaba bien debía ir a verte que me necesitabas en ese momento.

Sus palabras habían sido sin rencor sabia que estabas mal ella se encargo de avisar a su papa que tuve un problema familiar y tenía que salir unos días de viaje así que fui para la ciudad México un viaje de varias horas estaba agotado no había dormido nada, al llegar al aeropuerto me dirigí al hospital donde estabas.

Al llegar vi a tu mama no era la misma como la última vez que la vi estaba más delgada su cara había cambiado se veía cansada y con pocas fuerzas, al verme me abrazo y comenzó a llorar, sabía que estaba sufriendo sus lagrimas eran de mucho dolor me decía que era el indicado para ti, cuando estábamos juntos eras diferente con ella pero fuiste cambiando.

Que llevabas dos días inconsciente que la última vez que hablaste con tu mama preguntaste por mí que querías verme y decirme una cosa desde momento no respondías a ningún medicamento que te había encontrado en tu casa tirada en tu habitación el día que tuviste la sobredosis el dolor que sentía tu mama era profundo porque le habías hecho esto eras todo para ella te amaba incondicionalmente eso siempre lo supe porque fuiste cruel con ella tenía tanto amor que lo demostraba a pesar de que tú eras indiferente hacia ella.

Al verte en esa cama tirada y conectada a esas miles de maquinas y todos esos cables conectados a tu cuerpo no lo podía creer me dolió tanto verte así, terminaste tirando tu vida tenias muchas cosas por hacer todavía y decidiste terminar con ella, estaba enojado de la forma de cómo hiciste las cosas tu maldito orgullo te estaba llevando al borde de la muerte.

No pude contener las lagrimas salir de mis ojos ya no eras la misma el día que te conocí tu cara era diferente tus labios estaban blancos tu cabello no tenia brillo estabas muriendo lentamente.

Fuiste inconsciente de tus actos, tu vida la habías convertido en una escena del crimen muchos involucrados pero tu habías sido la acecina de tu propia vida.

“Creíste que la muerte era un chiste mal contado, pero que crees, la muerte supo contar el mejor chiste que te hizo morir de la risa”…

Capitulo 23

Y no fuiste para siempre

Llego el día, me puse un traje negro para tu funeral mi corazón estaba corrompido por lo que te había pasado a pesar de que había pasado el tiempo y no volvimos hablar no quería que tu vida terminara así, tus malas decisiones habían acabado con tu vida aun tenias muchas cosas por hacer.

Habías dejado a tu mama sola, estaba corrompida su llanto era agonía quería sacarte del ataúd y darte por última vez un abrazo te habías ido muy pronto dejaste muchos corazones rotos pero aun con todo eso tu perdida dolía.

Estaba en aquella esquina parado la verdad no quería acercarme a ti no quería verte por última vez que mi mejor recuerdo fuera la última vez que me viste con amor.

Las personas se acercaban a tu mama dándole el pésame de tu perdida, no sabía que muchas personas te conocían y eso que eras de poco tratar, la habitación estaba llena de todo tipo de flores, yo no te lleve sinceramente sabía que no te gustaban las flores así que había respetado esa decisión.

El servicio fue aproximadamente de cinco horas y ahí estuve hasta que se fue la última persona no quería dejar sola a tu mama sabia que necesitaba compañía el dolor que sentía era sin palabras su cara lo decía todo, solo estaba en silencio sin decirle nada sabía que no estaría de humor para responderme así que le di su espacio y la deje que estuviera contigo.

Era momento de cerrar el ataúd tu mama no quería dejarte ir estaba sin consuelo y la verdad es que yo no me atreví acercarme a verte fue lo mejor, te habías ido sin explicaciones en ese momento te odie tanto, tu vida quizás no era perfecta pero tenias a tu mama a la mejor mama del mundo tu muerte la estaba matando en vida.

Habías sido egoísta no pensaste en el daño que ibas a causar, las consecuencias no te importaron y la verdad es que no se cómo terminaste en todo esto a pesar de que no eras la personas más amorosa pero llegar al punto de que fueras una adicta eso significaba que tu vida era un desorden.

Al llegar al panteón tu mama se acerco a mí, y me dijo que antes de encontrarte en tu habitación había visto una carta tirada y en el bote de la basura que habías escrito para mí y sinceramente no quise leerla en el

momento así que la había guardado, cuando te estaban bajando a la fosa había comenzado a llover, el día era triste el cielo estaba cubierto por nubes negras.

Las flores caían en tu ataúd era el ultimo a dios, sentí un fuerte vacio en el estomago al saber que ya no volvería a verte nunca más, solo podía decirte que habías sido injusta la forma como me trataste, te fuiste sin decir adiós nuestra relación nunca termino pero habías decidido tomar tu propio camino.

Solo puedo decirte que gracias por el tiempo que estuvimos juntos quizás, hubo malos días y eso era normal como todas las pareja los tiene, espero te hayas llevado los buenos recuerdos que pasamos juntos, esas locuras desenfrenadas que solo tu sabias hacerlas gracias por a ver hecho mi vida un poquito interesante, me quedo con los buenos con tu forma tan tuya de ser fuiste y serás mi primer amor contigo aprendí a dar mi primer beso.

Las cosas no terminaron como esperábamos nuestros caminos tomatón diferentes rumbos ahora que no vas a estar aquí espero algún día volverte a ver y espero me recuerdes porque a pesar de los malos momentos que pasamos para mi fueron un aprendizaje para la vida.

Y habías quedado bajo, la lluvia había comenzado más fuerte, estaba completamente mojado pero eso no importo, las personas comenzaron a irse tu mama se quedo un par de minutos más, me había dicho que si la acompañaba a casa y ahí estuve esperándola.

Llegamos a tu casa y algunos familiares tuyos estaban ahí sentados en el comedor todos cayados y sin decir una palabra, tu mama me invito a pasar y me quede a lado de la puerta con las manos en los bolsillos y recordé la carta que habías escrito para mí, la saque y comencé a leerla.

—Para: Samuel

De: Amanda

No trato de convencerte, trato de prepararte para ser fuerte...

Estas líneas son escritas desde lo más profundo de mí, no pensé encontrar a alguien que viniera a cambiar mi plan, de ser la persona más fría y arrogante a la sensible y con sentido del humor.

Pero tuviste que llegar tú con ese ridículo corte de cabello y comenzaste hablarme, tu forma tan peculiar fue la que me empujo a seguirte el juego hasta que termino en algo más que un hola.

Debo ser sincera contigo creo que no supiste muchas cosas sobre de mi y dudo que terminaras de saberlas.

Fuiste estúpido al creer que las cosas entre nosotros iban hacer para siempre las palabras se las pudo llevar el viento, quizás no era la chica correcta para ti se que meces a alguien que en verdad te haga sentir lo que tú quieres sentir, lamento no haberme despedido de ti sé que no te di explicación al dejarte de hablar pero las cosas entre nosotros ya no eran las mismas sinceramente tú querías algo que yo no era así como yo lo quise y tu no lo eras lamento no a verte dicho esto en tu cara pero era mejor así, discúlpame por los malos tratos que había ocasionado tantos disgustos y desilusiones, eres un chico increíble eso jamás lo vayas a dudar y en verdad espero encuentres el amor de verdad.

Y antes de irme espero volverte a ver para entregarte en persona esta carta y si no fuese así espero llegue a tus manos de la forma que tenga que llegar.

No es un adiós si no una hasta pronto cachorro asustado.

Hasta en el día de tu muerte no dejaste de ser cruel conmigo, pero te habías dado cuenta de los errores que tuviste cuando estábamos juntos, reconociste que eras pésima a la hora de demostrar amor.

Quizás no fue la mejor despedida pero al menos te volviste acordar de mí, espero que en el tiempo que estuvimos juntos te hayas quedado con los buenos momentos y ahora era tiempo de cerrar el ciclo, te habías ido y quería darle fin a esta historia.

Te agradezco por a ver sido parte de mi vida, llegaste cuando menos lo esperaba así como lo hiciste cuando decidiste partir, te odio porque no tuviste los pantalones para decir lo que había pasado, fuiste cobarde al irte así pero como dices las palabras se las lleva el viento, por ahora es momento de dejarte descansar te habías convertido en una novela de drama pero las líneas cada vez fueron más cortas y las ideas menos claras.

Gracias por dejarme conocerte pero te agradezco mas por a verme dejado como lo hiciste me enseñaste que el amor no cualquiera lo sabe demostrar, es de valientes hacerlo y enamorarse de la persona correcta fuiste estúpidamente arrogante pero eso me enseño hacer fuerte y saber escoger mejor con quien quiero pasar el resto de mi vida.

Debo decirte que soy feliz que encontré el amor de mi vida, me hace feliz sobre cualquier cosa estamos muy enamorados, hace un año que nos casamos se llama Elena y la conoció en un súper mercado en Barcelona, estamos pensado comprar una casa frente a un lago la vista es hermosa, tengo un perro que se llama Ringo es un dálmata ya es grande de edad.

Tiene seis años y es el mejor perro del mundo, estamos planeando tener nuestro primer hijo pero eso está en proceso, y discúlpame por contarte lo feliz que soy pero debía hacerlo tal cual como tú me lo habías aconsejado fuiste parte de mi historia y aprendí mucho de ti pero las reglas de la vida así son tu recuerdo siempre estará en mi memoria descansa en paz Amanda.

Era momento de dejarte ir, nuestra historia te la habías llevado en el ataúd fuiste la inspiración de vivir sin límites y te agradezco por eso nunca voy a olvidarme de la chica de ojos color verde esperanza.

ANTES DE DECIR FIN...

Carta para el amor

Eres desequilibrante en ocasiones tu forma de ser es tan bipolar que ni siquiera tu sabes cuándo te vas a quedar o te vas a ir, tus palabras dejan de tener sentido cuando más te necesito últimamente te has olvidado de mí, me habías dicho que todo iba a estar bien que los malos momentos eran pasajeros pero me volviste a mentir una vez más fuiste capaz de poner mi confianza en la basura.

Te creíste superior a mí que las cosas pasan por algo pero la verdad es que ya me canse de tu mentira, tu sabias los años que había sufrido por ti pero al parecer no te importo, cuantas veces me viste llorando y tu solo pasabas en silencio sin decir nada, tu ausencia era impredecible, te acercabas a mí de vez en cuando solo para darme una palmada en la espalda para decir que los tiempos no eran los indicados que a un no había nadie digno de compartirte.

Que secara mis lagrimas porque ni tu las merecías, tus lecciones eran duras pero concretas, tus palabras eran paz y tu manera de ver al mundo era incondicional pero no todos querían que estuvieras ahí.

Me dijiste que unas cuantas más llegarían pero que estuviera tranquilo porque las cosas en ocasiones no eran como la esperábamos, tu forma tan sutil de decir las cosas, me habías enseñado a que ibas a llegar en el momento que tu quisieras que no te apresurara porque las cosas no son así, te sentías intimidado en ocasiones pero eso no te quitaba las fuerzas de volver a intentarlo eras constante.

En ocasiones fuiste muy terco y arrogante pero eso no te importo le dabas la espalda a los que te buscaban por primera vez y a los que ya eran tus seguidores les volvías a dar una oportunidad no eras juntos.

Y creo que jamás lo serás tú sabes que la paciencia tiene límites y para mí eso ya había llegado, pero me diste la espalda y te reíste en mi cara porque las oportunidades para mi eran tres en un millón así que debía esperar a que te decidieras a volver una vez más.

Att: tu fan secreto

Carta para el amor de mi vida

Quizás aun no he tenido el placer de conocerte, y la verdad es que no se si algún día llegue a pasar, me he equivocado muchas veces en cosas del amor pero creo que la mayoría de las personas lo hemos hecho.

Sufrimos, rogamos, nos enojamos, pedimos perdón, y en ocasiones nos reconciliamos son tantas maneras de expresar nuestros sentimientos a personas que ni siquiera se toman la molestia de decirnos -gracias creemos que con el primer guiño las personas son feliz a tu lado pero eso ha sido de todo el tiempo el amor se puede expandir si realmente es sincero.

La verdad es que no se en donde te encuentres si eres del mismo país que yo o quizás no, quizás hablamos diferentes idiomas o quizás no, quizás estés pasando por lo mismo que yo o quizás no, donde quiera que estés te espero en el momento que quieras aparecer así como pueden pasar tres años, o solo son algunas semanas.

Donde quiera que estés espero tu vida sea muy buna, que te rías de la vida, que ames cada parte de ti, que seas sincera con los demás y contigo misma que el amor en tu corazón sea autentico que las palabras de tu boca sean una sonrisa para las personas, no sabes cuantas ganas quiero de conocerte ya, pero tengo que esperar se que algún día te voy a encontrar y será el mejor momento de mi vida.

Ahora te dejo ser feliz con lo que te gusta hacer sigue viviendo tu vida al máximo disfruta lo que te apasiona, construye imperios que te hagan ser mejor cada día.

No es un adiós si no un hasta pronto nos vemos te mando un abrazo con todo mi amor y que la vida te siga regalando felicidad porque aun falta el día que nos encontremos quisiera mandarte un whatsApp pero creo que eso sería un poco difícil por el momento así que te voy a esperar el tiempo que necesites solo que no tardes una eternidad por favor aun tengo planes para nosotros y quiero que sean los mejores.

Y no olvides que eres especial sobre cualquier cosa eres hermosa como eres, y si eres diferente porque eres autentica ante los demás.

Att: alguien que te espera

Carta para los enamorados

Tus sentimientos están a flor de piel, sientes esas ganas de expresarlo en todo momento tu rostro tiene esa sonrisa tan marcada, tus ojos están llenos de luz así como tu corazón palpita sin control alguno.

La mayor parte del tiempo estas inquieto y quieres decirle cuanto te hace falta que la extrañas que es todo para ti, quisieras bajarle la luna y las estrellas y sientes que se merece el universo.

Tus palabras son tiernas y muy pero muy delicadas quieres llenarle el celular de mensajes de cuanto te hace falta, quieres hacerla sentir bien en todo momento procuras que las palabras y cualquier movimiento que hagas sea el correcto.

Pero creo que debes saber que el amor por alguien está bien y es necesario demostrarlo hacia los demás pero enamórate de ti mismo, si tú no te demuestras cuanto te amas primero nadie más lo va hacer.

De vez en cuando consiéntete, sal al cine tu solo, camina por los parques, ve por un café mientras le es un buen libro o escuchas una buena canción, tu tiempo es importante las personas lo deben de entender y si no es así es su problema de ellos.

El tiempo puede ser relativo, hay momentos en los que es mejor estar solos que mal acompañados no busques a nadie que no te corresponda tu eres más que eso el amor por ti mismo es más grande que lo que fingen sentir por ti.

Si alguien va a llegar a tu vida que llegue, pero los limites tu los pones el amor es un juego sin retorno debes de mover las piezas correctas para tener una victoria segura, y no trato de convencerte solo quiero que sepas que no hay nada más importante que tu.

Estar enamorado no es ningún problema, al contrario es increíble estar así solo que a veces hay que saber donde enamorarnos ama y amate los enamorados somos una clase de titanes que estamos inspirados a las cosas dirigidas al corazón.

Att: un enamorado

Indice

Printed by Books on Demand GmbH, Norderstedt / Germany